V&R

Dienst am Wort

Die Reihe für Gottesdienst und Gemeindearbeit

105

Es ist ein Ros entsprungen

Vandenhoeck & Ruprecht

Es ist ein Ros entsprungen

Adventsgottesdienste gestalten
Christvesper, Christnacht und ein Krippenspiel

Von Werner Milstein

Vandenhoeck & Ruprecht

Für Gerhard Engelsberger
in freundschaftlicher Verbundenheit

Bibliografische Information der Deutschen Bibliothek

Die Deutsche Bibliothek verzeichnet diese Publikation in der Deutschen Nationalbibliografie; detaillierte bibliografische Daten sind im Internet über <http://dnb.ddb.de> abrufbar.

ISBN 3-525-59513-1

Umschlagabbildung: Die Wurzel Jesse © Galerie Habdank
www.habdank-walter.de

Printed in Germany.
Druck und Bindung: Hubert & Co., Göttingen

Gedruckt auf alterungsbeständigem Papier

Vorwort

Für die Zeit des Advents ist ein erstaunliches Phänomen zu beobachten. Zum einen erhält sie eine immer größere Bedeutung: Weihnachtsmärkte schießen wie Pilze aus dem Boden, die Wochen vor dem Fest werden mit einer Vielzahl von Veranstaltungen und Festen belegt. Zum anderen verliert diese Zeit immer mehr von ihrem ursprünglichen Charakter, weshalb auch schon nicht mehr von der Adventszeit, sondern von der „Vorweihnachtszeit" gesprochen wird. Entsprechend hat der Weihnachtsbaum an vielen Orten auch schon den Adventskranz abgelöst.

Dass die Adventszeit ihren festen Platz im kirchlichen Kalender hat und somit wesentlich ein christliches Fest mit einem besonderen Gepräge ist, wird dabei leicht übersehen. Von Anfang an sind zwei Linien im Advent zusammengekommen: In Rom lag der Akzent auf der Erwartung der Menschwerdung Christi, in Gallien bestimmt die Erwartung der Wiederkunft des Herrn die Liturgie. Der Gedanke der Vorfreude und der der Buße werden in dieser Zeit miteinander verbunden. Geht man von ursprünglich 40 Fastentagen aus, die sich auf die Wochen vom 11. November bis zum 6. Januar verteilt haben, als Entsprechung zur Passionszeit, so überschneidet sich die Adventszeit thematisch mit dem Ende des Kirchenjahres. Schon der 1. Sonntag im Advent erinnert in der Epistellesung an die Wie-

derkunft, beide Aspekte gehören unauflöslich zusammen. Der Wiederkommende ist der Gekommene, der Erwartete ist der Gegenwärtige. Die Adventszeit wartet mit einer Reihe interessanter Themen, Symbolen und Personen auf. Die Texte dieses Buches wollen Hilfen und Anregungen geben, den Reichtum dieser Zeit zu entdecken und daraus zu schöpfen. Es handelt sich um Bausteine, die ganz unterschiedlich eingesetzt werden können, dabei können die Texte auch im Wechsel gelesen werden. Sie können an Stelle der Lesungen verwendet werden, aber auch zur Hinführung oder Vertiefung eingesetzt werden. Nicht zu vergessen ist der große Schatz an Adventsliedern, die sowohl die Freude als auch den Ernst dieser Zeit zum Ausdruck zu bringen. Ihr Ziel findet diese Zeit im Kommen des Gottessohnes. Der Heilige Abend mit Christvesper und Christnacht ist deshalb in diesem Band mitaufgenommen worden.
Die Adventszeit ist eine der großen Vorbereitungszeiten im Kirchenjahr. Es wird wohl nicht zu verhindern sein, dass sich andere ihrer bemächtigen. Es liegt an der Gestaltung unserer Gottesdienste und Andachten, ob es gelingt, das Bewusstsein für den Charakter dieser Zeit zurückzugewinnen.

Inhalt

1. Advent

Die Ankunft des Königs

Dein Licht ist uns erschienen
und hat uns das Ziel gewiesen,
du hast uns wieder aufgerichtet
und setzt unsere Füße
auf den Weg des Friedens.

Die Adventszeit und die Karwoche beginnen beide mit dem Einzug Jesu in Jerusalem. Der König, der von Israel erwartet wird, und das Kind, nach dem sich die Menschen sehnen, ist der Mann, der am Kreuz stirbt. So legt sich von Anfang über die Geburt Jesu der Schatten von Golgatha.

Zugleich aber wird gesagt, dass mit ihm das Licht angekündigt wird, das unsere Welt erhellen und das Dunkel des Todes brechen wird. So weist der Anfang schon auf das Ende hin, von Israel geht das Heil für die ganze Welt aus.

Der erste Advent ist die Einladung an die Gemeinde, sich diesem König zu öffnen. Sie nimmt die alttestamentlichen Verheißungen auf und stimmt in den Lobpreis der Psalmen ein. Der Beginn der vierwöchigen Vorbereitungszeit bis Weihnachten trägt einen festlichen Charakter.

In manchen Gemeinden wird an diesem Sonntag das Heilige Abendmahl gefeiert, der Hosiannaruf beim Einzug Jesu in Jerusalem schlägt die Brücke zum Advent und zum Kommen des Herrn in Brot und Wein. Der Angekündigte ist der Gegenwärtige, der Zukünftige ist der Gekommene. Das erwartete Heil geschieht schon jetzt.

Wochenspruch:	Sacharja 9,9

Macht hoch die Tür (EG 1)

Psalm 24
Halleluja und Gebet

Alttestamentliche Lesung:	Jeremia 23,5-8
Epistellesung:	Römer 13,8-12

Nun komm der Heiden Heiland (EG 4)

Evangeliumslesung	Matthäus 21,1-9

Tochter Zion (EG 13)

Predigt

Dein König kommt in niedern Hüllen (EG 14)

Fürbittengebet

Mache dich auf und werde Licht
(Kommunität Gnadenthal 1972)

Person:	Zacharias
Symbol:	Tür

Siehe, dein König kommt zu dir,
ein Gerechter und ein Helfer.
Sacharja 9,9

Seit Menschengedenken
wartet Israel auf seinen König,
auf Frieden für sich und alle Völker.

Im Nahen Osten reiben sich die Staaten,
die Menschen kommen nicht zur Ruhe,
die Radikalen spielen
nicht nur mit dem Feuer,
sie legen einen Flächenbrand.

Wer vermag die Mauer der Gewalt
zu durchbrechen,
wer vermag dem Krieg
Einhalt zu gebieten?
Herrscher kamen und gingen,
Politiker wechselten sich ab,
sie sprachen von Frieden
und die Menschen hofften,
sie wurden enttäuscht immer wieder.

Ist es ein Wunder, dass gerade hier
die Sehnsucht nach Frieden so groß ist?
Ist es verwunderlich,
dass gerade von hier,

wo die Kontinente dreier Erdteile
aneinander grenzen,
der Frieden für die ganze Welt
beginnen könnte?

Darum singen seit Generationen
die Menschen überall auf dieser Erde
das Lied der Hoffnung auf Frieden,
es möge der König kommen,
den Gott gesalbt hat, damit er
mit der Macht der Liebe regiere,
damit Gerechtigkeit herrsche
und die Schwachen geschützt werden,
dass niemand mehr hungern und
keiner mehr um sein Leben fürchten muss.

In Israel erklang zuerst dieses Lied,
Menschen aller Völker haben mit eingestimmt,
durch Raum und Zeit ist es gegangen.
Wir singen es noch heute, um den zu preisen,
den Gott zu uns gesandt hat,
damit Friede auf Erden werde,
damit sich sein Wort unter uns erfülle.

Gott kommt,
sein Wort ist uns nahe,
mitten unter uns geschieht sein Heil.

Machet die Tore weit
und die Türen in der Welt hoch,
dass der König der Ehre einziehe!
Psalm 24,7

Alle Welt jauchze,
die ganze Erde feire ihn.
Er hat alles geschaffen,
Himmel und Meere,
das Land und alles,
was da wächst und lebt.

Machet die Tore weit
und die Türen in der Welt hoch,
dass der König der Ehre einziehe!

Der darf ihn empfangen
und ihm entgegentreten,
der unschuldige Hände hat
und reinen Herzens ist,
dessen Leben ohne Fehl ist
und wahrhaftig ist, den wird Gott
segnen und gerecht sprechen.

Machet die Tore weit
und die Türen in der Welt hoch,
dass der König der Ehre einziehe!

Auf ihn haben wir gewartet
und uns gesehnt nach ihm,
er trägt unsere Hoffnung,
er ist unsere Zuversicht.
Darum fragen wir nach ihm und
haben nach ihm Ausschau gehalten.

Machet die Tore weit
und die Türen in der Welt hoch,
dass der König der Ehre einziehe!

Stark und mächtig ist er,
alle Welt dient ihm
im Himmel und auf Erden,
Alle Mächte und Gewalten
wird er besiegen, selbst den Tod
wird er überwunden.

Machet die Tore weit
und die Türen in der Welt hoch,
dass der König der Ehre einziehe!

Alle Welt jauchze,
die ganze Erde feire ihn,
kommt und empfanget ihn,
öffnet ihm eure Herzen,
er will zu euch kommen,
lasst ihn nicht warten.

Halleluja,
Gott ist unser König,
alle Länder dienen ihn,
alle Völker loben ihm.

Halleluja,
Gott kommt zu uns,
auf einem Esel reitet er,
so tief beugt er sich,
so nahe ist er uns.

Halleluja,
Frieden wird er bringen
und Gerechtigkeit wird herrschen,
die Schwachen wird er schützen
und die in Angst sind, wird er befreien.

Halleluja,
macht die Tore weit
und öffnet eure Herzen,
empfangt unseren König
mit offenen Armen.

Halleluja,
der Tag des Herrn ist da,
über Zion bricht an der schöne Glanz Gottes,
unser Gott kommt und schweigt nicht.
Psalm 50,2.3

Gebet

Komm zu uns Gott,
denn schon lange haben wir gewartet,
die Leidenden rufen nach Gerechtigkeit,
die Unterdrückten nach Befreiung,
die Suchenden nach Erfüllung.

Komm zu uns Gott
und verwandle diese Welt.
Schenke ihr den Frieden,
nach dem sie sich so sehr sehnt.
Verwandle unser Leben
und lass uns dir nachfolgen.
Komm zu uns Gott
und öffne unsere Herzen,
damit es Advent für uns werde.

Siehe, es kommt die Zeit, spricht der HERR,
dass ich dem David einen gerechten Spross
erwecken will.
Psalm 23,5

Er wurde zum Maßstab aller Könige,
die nach ihm kamen. Er war von Gott
ausersehen, über sein Volk zu herrschen.
David einte Israel und Juda,
er schuf ein mächtiges Reich,
er sicherte dem Land den Frieden.

Wenn der Messias kommen würde,
dann würde er so herrschen wie er.
Wenn der Messias kommen würde,
dann müsste er aus dem Hause Davids kommen,
darum waren mit seinem Namen
alle Hoffnungen verbunden.

Je mehr die Last auf Israel drückte,
je weiter sie von ihrem Land entfernt waren,
desto größer und intensiver wurde die Hoffnung.
Wann würden sie wieder heimkehren können,
wer würde sie zurückbringen in das Land,
das Gott ihnen einst gegeben hat?

Jeremia kündigt den kommenden König an,
er verkündigt die Botschaft Gottes,

er verheißt seinem Volk die Rückkehr.
Einst hat Gott sie aus Ägypten geführt,
er hat sie befreit und durch die Wüste geführt.
So ist unser Gott, er rettet und beschützt,
das sagten sie und fühlten sich sicher.
Sie wurden leichtsinnig
und ließen sich nicht mahnen,
Sie verboten den Propheten das Wort,
von Buße wollten sie nichts wissen.
Sie wähnten sich auf dem richtigen Weg
und dachten nicht an Umkehr,
an Rückkehr zu Gott.
Die Feinde hatten leichtes Spiel,
sie nahmen sie gefangen
und verschleppten sie:
Israel war wieder in der Fremde.

Noch einmal wird Gott sie befreien,
ein König aus dem Hause Davids
soll sie in die Heimat zurückbringen
und über sie herrschen.
Das ist unser Gott, er befreit und beschützt,
er regiert mit Weisheit und Gerechtigkeit,
seine Herrschaft kennt kein Ende.

Israel hat Gott befreit, alle Völker hat er gerettet,
seinen Sohn hat er zur Erde geschickt,
um allen Menschen den Frieden zu bringen.

Die Nacht ist vorgerückt,
der Tag aber nahe herbeigekommen.
So lasst uns ablegen die Werke der Finsternis
und anlegen die Waffen des Lichts.
Römer 13,12

Durch dunkle Tage gehen wir,
undurchdringbar scheint uns die Nacht.
Wir stolpern immer wieder
und geraten leicht ins Straucheln.
Wir wissen nicht, wohin der Weg uns führt,
und glauben oft genug,
das Ziel nicht mehr zu kennen.

Wie in einen tiefen Schlaf gefallen,
so scheint uns unser Leben;
es fehlt uns die Kraft,
nur mühsam kommen wir voran.
Ahnen wir, wie nahe wir dem Tag sind?
Sehen wir, wie der Morgen anbricht,
wie in der Dämmerung das Licht heraufzieht?

Wenn es aber Tag wird,
was werden wir dann tun?
Wenn wir im Licht stehen,
was wird dann von uns erwartet?
Es kommt alles an den Tag,
die Sonne wird es ans Licht bringen,

darum sollen wir wachsam sein
und auf uns achten.
Er hat uns zu Kindern des Lichtes gemacht,
er hat uns sein Gebot gegeben,
er hat unter uns die Liebe gelebt.

Dass wir den Nächsten lieben,
ist das Gebot des Tages.
Dass wir den Nächsten
in diesem Lichte sehen,
ist die Erfüllung des ganzen Gesetzes.

Der Tag ist nahe herbeigekommen;
es wird Zeit, dass wir aufwachen.
Die Nacht der Einsamkeit, sie weicht;
wir erkennen den Bruder, die Schwester.
Wir sollen die Augen aufmachen,
das Ziel steht direkt vor uns,
Gott kommt uns entgegen in jedem,
der unsere Hilfe braucht.
Gott trägt das Antlitz einer jeden,
die sich bittend an uns wendet.

Wenn das aber geschieht,
dass wir einander erkennen
als Bruder und als Schwester,
dann ist es Tag geworden inmitten der Nacht.

Hosianna dem Sohn Davids! Gelobt sei,
der da kommt im Namen des Herrn!
Hosianna in der Höhe!
Matthäus 21,9

Im Brot, das wir brechen,
kommt er zu uns,
Im Wein, den wir trinken,
ist er uns gegenwärtig.
So wird Gott für uns fassbar,
so können wir ihn begreifen.

Er teilt sich uns mit,
er nimmt sich unser an;
er geht in unsere Welt ein,
ist Gast und Gastgeber zugleich.
Er, der König aller Völker ist,
wird zum Diener
des ganzen Menschengeschlecht.

Hosianna dem Sohn Davids,
sie breiten vor ihm die Kleider aus.
Hosianna in der Höhe,
sie legen Zweige auf die Erde.
Eine Eselin trägt ihn,
so hat es der Prophet verheißen.
Vor den staunenden Augen erfüllt sich,
worauf seit Jahrhunderten Menschen hofften.

Noch loben sie ihn,
noch hallt ihr Gesang
durch die Gassen Jerusalems,
hallt bis zum Hause des Hohenpriesters,
bis zum Palast des Herodes,
bis weit nach draußen,
bis hin nach Golgatha.

Da werden sie es nicht mehr rufen,
da werden sie es lesen in allen Sprachen,
dass dieser ihr König war,
dass er es ist für alle Zeiten.
Ein König, der stirbt für sein Volk,
der leidet um der Menschheit willen,
dessen Blut vergossen wird,
dessen Leib wie Brot gebrochen wird.

Werden wir begreifen,
was er für uns tat, wer er für uns ist?
Es bedarf des Glaubens,
der sich weit für ihn öffnet,
der ihn bei sich einlässt und
der bereitet, seine Wege mitzugehen.

Der Wein wird uns erquicken,
das Brot wird uns stärken,
sein Wort zeigt uns das Ziel.

Gott, wir warten auf dich,
du wirst kommen
und bist schon mitten unter uns.
Du verheißt uns dein Reich
und es hat bereits begonnen.
Inmitten der Gegenwart
ereignet sich unsere Zukunft.

Weil du uns so nahe kommst,
dürfen wir zu dir sprechen
und uns an dich wenden.

Gott,
für unsere zerrissene Welt
bitten wir dich,
für die Menschen,
die unter Unrecht leiden,
in den Gefängnissen und Lagern,
auf der Flucht und im Exil,
wir rufen: *Herr, erbarme dich.*

Für die Kirchen in der Welt
bitten wir dich,
dass sie die Verfolgten
nicht vergessen,
dass sie auf der Seite
der Unterdrückten stehen,
dass sie mutig und unerschrocken

ihre Stimme erheben,
wir rufen: *Herr, erbarme dich.*

Für uns, die wir
hier zusammengekommen sind,
dass wir entschieden eintreten
für Recht und Gerechtigkeit,
dass wir jede Möglichkeit nutzen,
um Verfolgte zu schützen
und Suchenden weiterzuhelfen,
wir rufen: *Herr, erbarme dich.*

Gott, dein Sohn ist gekommen,
damit auf Erden Frieden werde,
du nimmst uns in deinen Dienst,
um deinen Beistand bitten wir
heute und immer wieder.

Er war ein Gerechter
in seinem langen Leben.
Und Gott belohnte ihn für seine Treue,
er sandte einen Engel zu ihm,
der kündigte ihm einen Sohn an.
Zacharias sah seine Frau an:
Wie sollte sie in diesem Alter
noch ein Kind gebären?
Zacharias wollte widersprechen,
da verschloss ihm Gott den Mund,
nicht einmal das Volk konnte er segnen.
Und als dann der Sohn geboren wurde,
da konnte er nur mittels einer Tafel
den Namen ankündigen: Johannes,
nicht Zacharias wie er sollte das Kind heißen.
Johannes, das bedeutet: Gott ist gnädig.

Gott hat sich erbarmt,
hat sich seines Dieners erbarmt,
hat sich des Volkes Israel erbarmt,
hat sich aller Menschen erbarmt.
Und Zacharias darf wieder sprechen,
er tut seinen Mund und lobt Gott.

Was du Abraham versprochen hast,
was du im Bund uns zugesagt hast,
was all die Propheten verkündet haben,
das hast du erfüllt, Gott Israels:

Du bist zu uns gekommen,
du hast uns erlöst.

Kein Feind kann uns nunmehr
etwas anhaben;
und die uns hassen,
müssen für immer verstummen.
Dir wollen wir dienen,
mutig und entschlossen
wollen wir dir folgen.

Dein Licht scheint uns,
aus der Höhe herab leuchtet es.
Wir saßen in der Finsternis,
das Dunkel des Todes umgab uns,
da ist uns dein Licht erschienen
und hat uns das Ziel gewiesen,
du hast uns wieder aufgerichtet und
setzt unsere Füße auf den Weg des Friedens.

So hat Zacharias gesungen
und andere haben seine Worte aufgenommen,
in der Frühe des Morgens
stimmen sie sein Lied an,
sie singen dem Tag entgegen,
sie preisen das Licht, das über ihnen aufgeht.
Und sie folgen ihrem Herrn
auf dem Weg des Friedens.

Für einen Moment halte ich inne,
wenn ich vor einer fremden Tür stehe.
Ich versuche mir vorzustellen,
wie es dahinter aussehen mag,
wie die Räume dort eingerichtet sind,
wie die Menschen da leben
und wie sie mich empfangen werden.

Alles Leben ist auf Begegnung aus,
für mich allein kann ich nicht bestehen,
ich brauche den anderen, um leben zu können;
ich brauche das Gegenüber, um sein zu können.
Wir sind aufeinander angewiesen
in vielfacher und vielfältiger Weise,
nur gemeinsam können wir im Leben bestehen.

Aber nicht jede Begegnung gelingt.
Wie werden wir miteinander zurecht kommen,
was erwartet der eine vom anderen,
wie viel sind wir bereit, zu geben,
und sind wir auch bereit, zu nehmen?
Nur wo uns beides gelingt,
kann auch die Begegnung gelingen.

Ich bringe mich mit
mit allem, was mein Leben ausmacht,

mit den guten und den schweren Erfahrungen,
mit meinen Fragen und Wünschen.
Ich will offen sein und ganz ich selbst,
so klopfe ich an und übertrete die Schwelle.

Wenn ich Türen öffne, die nach außen gehen,
wenn ich jemanden einlasse,
dann will ich das mit offenem Herzen tun.
Er soll nicht vergebens klopfen,
er soll mich nicht verschlossen vorfinden,
ich will ihn erwarten und empfangen.
Ich freue mich auf ihn und will für ihn da sein.

So steht Gott vor unserer Tür,
Jahr um Jahr und Tag um Tag,
Wir kennen viele Ausreden,
wir hören gerne auf anderes,
wir verpassen ihn immer wieder.
Wir möchten, dass alles anders werde,
aber möchten bleiben, die wir sind.
Er aber ist auf Begegnung aus,
er will geben, damit wir nehmen,
er möchte, dass wir ihm folgen.

Er steht vor unserer Tür und wartet:
Advent - Gott kommt zu uns.

2. Advent

So seid nun geduldig bis zum Kommen des Herrn

Hoffen gegen den Augenschein,
unbeirrt an seinem Ziel festhalten,
sich nicht entmutigen lassen,
ausharren bis zuletzt und nicht aufgeben.

»Warten« bedeutet von seiner etymologischen Bedeutung her »Ausschauhalten« oder auch »Aufpassen«. In der Evangeliumslesung Lukas 21,25-33 geht es um das Deuten der kosmologischen Zeichen, die in der nächsten Zeit geschehen werden. Der Einbruch des Reiches Gottes steht unmittelbar bevor. Die jetzt lebende Generation wird es noch erleben, wenn die Äonenwende eintritt. Jesus selbst hat damit gerechnet.

Die Äonenwende ist nicht eingetreten, die ausgesandten Jünger kamen enttäuscht zurück. Folgt man Albert Schweitzer, dann wird Jesus mit seinem Tod das Kommen des Reiches Gottes verbunden haben. In der Folgezeit fanden sich immer neue Interpretationsmodelle als Erklärung für das Ausbleiben der Äonenwende. Schweitzer, der eine konsequente Eschatologie verfolgt, findet in der Ethik die Antwort. Die Spannung zwischen präsentischer und futurischer Eschatologie bleibt aber. Wir sind schon hier aufgefordert, uns für das Reich Gottes in die Pflicht nehmen zu lassen, und wir erwarten es zugleich.

Diese Spannung bestimmt auch den 2. Adventssonntag, dabei liegt der Akzent auf dem Ausharren und dem Wartenkönnen, daran mangelt es unserer Zeit besonders und die Adventssonntage dokumentieren es auf ihre eigene Weise.

Wochenspruch:	Lukas 21,28

Seht, die gute Zeit ist nah (EG 18)

Psalm 80 und Gebet

Alttestamentliche Lesung:	Jesaja 63,15f; 64,1-3
Epistellesung:	Jakobus 5,7-8

Kyrie

Ihr lieben Christen freut euch nun (EG 6)

Evangeliumslesung:	Lukas 21,25-33

Wir warten dein, o Gottes Sohn (EG 152)

Predigt

Wie soll ich dich empfangen (EG 11)

Fürbittengebet

Seht auf und erhebt eure Häupter (EG 21, Kanon)

Person:	Simeon
Symbol:	Saat

Seht auf und erhebt eure Häupter,
Weil sich eure Erlösung naht.
Lukas 21,28

Wer hofft noch auf bessere Zeiten,
wer glaubt, dass es noch einmal besser wird?
Es kann doch alles nicht so bleiben,
hören wir andere sagen,
Es muss etwas geschehen,
so sagen wir selbst.

Die Nachrichten schrecken uns auf,
Tag für Tag erschüttern uns die Berichte.
Wir hören und lesen von Gewalttaten.
Wir sind entsetzt darüber,
was Menschen Menschen antun können.
Wir erleben das Beben der Erde,
wir erschrecken über die Flutkatastrophen.

Oder sind das alles schon Zeichen,
weisen sie auf das Ende hin,
steht der Weltuntergang unmittelbar bevor,
bricht nun Gottes Reich an?
Können wir an der Natur ablesen,
was jetzt auf uns zukommt?

Naturkatastrophen kommen und gehen
es gab andere zuvor

und es werden noch andere kommen.
Wir leben auf einem unsicheren Planeten
und dünn ist die Kruste, auf der wir leben.
Wir sind den Gewalten der Stürme ausgeliefert,
nur ein winziges Korn sind wir in der Schöpfung.

Und wer vermag schon die Zeichen zu deuten,
wer sieht in ihnen nicht eigene Ängste?
Und wer könnte bestreiten,
dass es nicht auch der Mensch selbst ist,
der durch sein Verhalten immer wieder
diese Welt schädigt und bedroht?

Erlösung meint anderes und auch mehr,
Erlösung macht uns los
von der Sorge um uns selbst.
Erlösung befreit uns zu einem neuen Leben,
sie geht ins Herz, in alle Sinne,
sie reicht bis in die Hände hinein.

Erlösung verbindet, was in uns zerbrochen ist,
schließt Risse und Wunden.
Wir warten auf den, der uns heilt,
der uns angekündigt wird
als der Heiland der Welt.
Er kommt und ist schon da,
er braucht keine Zeichen,
aber unser Leben kann zum Zeichen werden.

Hirte ist Gott,
er beschützt die Schwachen
und die Unterdrückten.
Die nach ihm rufen
erfahren Beistand,
die sich auf ihn verlassen
werden gerettet.

Über allen Himmeln
thront Gott,
Heerscharen von Engeln
sind um ihn.
Wir rufen nach ihm,
dass er zur Erde komme
und wir seine Nähe spüren,
dass er uns helfe in unserer Not.

Israel hofft auf Gott,
sein Volk ruft nach ihm.
Mit Tränen haben sie ihr Brot gegessen
und aus Krügen voll Tränen
haben sie getrunken.
Von ihren Feinden wurden sie verspottet,
in ihrer Not haben sie zu Gott geschrieen.

Dass der ferne Gott auf sie schaue,
dass der Herr des Himmels und der Erde
mit ihnen Erbarmen habe

und sich ihrer annehme.
Israel ist sein Kind, ein Weinstock,
den er eingepflanzt hat,
damit er Frucht bringe.

Wie Unkraut
ist der Weinstock ausgerissen worden,
wie Abfall wurde er verbrannt.
Gott, es ist doch dein Volk,
es ist dein Weinstock, es ist dein Sohn.
Sieh an, was sie mit ihm machen.
Wir rufen zu dir, beschütze deinen Sohn.

Gott, sieh auf die Menschen dieser Welt,
auf das Schicksal der Gefangenen,
der Unterdrückten und Verfolgten.
Sie sind deine Kinder, sie sind dein Volk.
Erbarme dich ihrer und beschütze sie.
Du bist der Hirte aller Schwachen,
aller Menschen in Not.

Sei nicht ferne, Gott,
wir brauchen deinen Beistand.
Komm in unsere Welt,
sie braucht dich mehr denn je.
Lass uns deine Kraft erfahren
und wir werden zu dir halten allezeit.

Gott, komm in unsere Welt,
denn wir brauchen dich,
stärke die müden Herzen,
die von den täglichen Mühen
erschöpft und verbraucht sind.
Wir rufen: *Herr, erbarme dich.*

Gott, komm in unsere Welt,
denn wir brauchen dich,
heile die verletzten Herzen,
die an der Last der zugefügten
Verwundungen schwer tragen.
Wir rufen: *Herr, erbarme dich.*

Gott, komm in unsere Welt,
denn wir brauchen dich,
öffne die verbitterten Herzen,
die das Hoffen verlernt haben
und das Gute nicht mehr erkennen.
Wir rufen: *Herr, erbarme dich.*

Gott, komm in unsere Welt,
denn wir brauchen dich,
tröste die trauernden Herzen,
die unter dem Verlust eines Menschen
leiden und allen Mut verloren haben.
Wir rufen: *Herr, erbarme dich.*

Gebet

Gott, lehre uns
die Kunst des Wartens.
Wir leben in ungeduldigen Zeiten,
wir pressen die Zeit und versuchen,
alles aus ihr herauszuholen.
Wir lassen den Dingen nicht mehr
ihre Zeit und auch uns selbst nicht.

Schenke uns die Gelassenheit,
die das Warten braucht.
Gib uns Ruhe und Geduld,
so werden wir uns selbst finden
und werden offen für dich.

Gott, sieh dir an,
was auf Erden geschieht.
Du bist da oben und wir da unten.
Du hast es dir da oben gut eingerichtet
und wir hier unten kommen um.
Menschen leiden und du schweigst,
sie hoffen auf deine Barmherzigkeit,
du aber scheinst hart und unbeugsam.
Die Ungerechtigkeit fordert Opfer,
Tag für Tag, Stunde um Stunde.
Warum greifst du nicht ein,
wo bleibt deine Macht?

Israel ist dein Volk,
aber du beachtest es nicht.
Abraham ist ihr Ahnherr,
er aber scheint sie nicht mehr zu kennen.
Sie rufen zu dir:
Du, HERR, bist unser Vater.
»Unser Erlöser«, das ist
von altersher dein Name.
Jesaja 63,16

Israel wartet auf Erlösung,
es hofft darauf, dass seine Knechtschaft
ein Ende gefunden hat.
Es sehnt sich danach, aus der Fremde
wieder heimkehren zu können.

Kann denn ein Vater sein Kind vergessen,
hat er nicht Erbarmen mit seinem Volk?

Israel hofft und mit ihm die Welt,
dass Gott eingreift und Gerechtigkeit schafft;
dass er mit gewaltiger Hand,
der Not und dem Elend ein Ende bereitet.
Den Himmel wird er aufreißen.
So gewaltig ist seine Kraft,
dass Berge zerfließen und das Wasser
in den Flüssen zu Kochen beginnt.
Die Völker werden erzittern vor deiner Macht,
wenn du kommst und mitten unter uns erscheinst.

So mag es geschehen,
so hoffte es Israel,
so malten es sich die Propheten aus
und so schilderten es auch die Seher.
Und Gott kam und es war doch ganz anders.
Die Erde bebte nicht, die Flüsse kochten nicht,
und doch hat sich die Welt verändert,
denn sie hat wie in keiner Zeit zuvor
die Nähe Gottes gespürt und seine Liebe erfahren.

Kein Ohr hat gehört, kein Auge hat gesehen
einen Gott außer dir, der so wohltut denen,
die auf ihn harren.
Jesaja 64,3

Das Warten lohnt sich,
wer ausharrt, der wird Gott sehen.
Was können wir tun, wie können wir
das Reich Gottes zur Erde bringen?
Sollten wir nicht schon einmal anfangen?
Es gibt genug unter uns zu tun,
die Schöpfung seufzt und wir sehen sie leiden,
sollten wir nicht Einhalt gebieten
der Verschmutzung von Luft und Wasser
und der Ausbeutung der Erde?

Sollten wir nicht entschiedener
für den Schutz der bedrohten Tiere eintreten?
Müssten wir nicht überall tätig werden,
rund um den Globus und auch bei uns?

Wir sollten es tun und müssen es auch,
wir haben viel zu lange gewartet
und all zuviel kostbare Zeit vertan,
wir tragen Verantwortung für diese Welt.

Gott hat sie uns anvertraut
er hat sie in unsere Hände gegeben,
damit wir sie beschützen und bewahren.
Wir sind aufgefordert, an seiner Welt
mitzuarbeiten, das ist unser Auftrag.

Aber gleich, was wir tun,
was immer wir auch vollbringen,
gleich wie wir uns anstrengen
und wie groß auch unsere Erfolge sein mögen,
dass Reich Gottes kommt deswegen nicht
einen Tag eher, es hat seine eigene Zeit.
Alle Arbeit mag schwer sein,
schwerer aber noch ist das Warten,
das Abwarten können und das Ausharren.

Wir wollen tun, was an uns ist,
alles andere legen wir in Gottes Hand,
Wie harren aus wie der Bauer nach der Ernte,
wir vertrauen den Worten der Botschaft:
Das Kommen des Herren ist nahe.
Jakobus 5,8

Er wähnte sich am Ende der Zeit;
er glaubte, die Zeichen deuten zu können.
Er sandte die Seinen aus,
um die Weltenwende zu verkündigen.
Mit Nachdruck sagte er ihnen:

Dieses Geschlecht wird nicht vergehen,
bis es alles geschieht,
Himmel und Erde werden vergehen,
aber meine Worte vergehen nicht.
Lukas 21,32.33

Sie haben gehofft, sie waren
leidenschaftlich und unermüdlich.
Sie haben geglaubt, dass sie am Ende der Zeit
stehen, dass inmitten ihrer Zeit geschieht,
was Generationen vor ihnen gehofft haben.
Sie haben gehofft und gewartet.
Sie haben zum Himmel gesehen
und nach den Zeichen ausgeschaut.
Sie sind über die Erde gegangen
in der Furcht, sie könnte zu beben beginnen.

Sie haben gewartet Tag um Tag, Woche
um Woche. Sie sind bei ihm geblieben,
irgendwann müsste ja etwas geschehen.
Sie haben gesehen, wie er verhaftet wurde.
Sie haben ihn leiden und sterben sehen,

aber die Welt stürzte nicht zusammen
und auch der Himmel fiel nicht herab.
Sie warteten weiter, denn solange sie lebten,
so lange bestand noch Hoffnung.
Aber dann starben die ersten und
der Zweifel wuchs, und dennoch warteten sie
Jahr um Jahr, Jahrhundert um Jahrhundert.

Es sind Generationen seitdem vergangen,
ganze Völker sind gekommen und vergangen,
auf das Reich Gottes warten wir noch heute.
Ob es noch kommt? Sollte es sein,
dass wir es sind, die es erleben,
dass ausgerechnet wir die Auserwählten sind?
Vielleicht geschieht es mitten unter uns,
vielleicht aber ist es schon längst geschehen,
vielleicht geschieht es gerade jetzt,
wenn sein Wort zu uns kommt.

Himmel und Erde werden vergehen,
aber meine Worte vergehen nicht.

In seinem Wort kommt Gottes Reich
in unser Leben; wenn wir es leben,
beginnt diese Welt sich zu verändern,
bis Gott selbst sie eines Tages verwandelt.

Gott, wir warten auf dich,
du wirst kommen und
bist schon mitten unter uns.

Du verheißt uns dein Reich
und es hat bereits begonnen,
inmitten der Gegenwart
ereignet sich unsere Zukunft.

Weil du uns so nahe kommst,
dürfen wir zu dir sprechen
und uns an dich wenden.

Lass uns nicht
nach Zeichen Ausschau halten,
sondern lass uns Zeichen setzen
in dieser Welt.

Wo Hass die Herzen
verhärtet hat,
lass uns mit Liebe
und Geduld antworten.

Wo Schuld und Versagen
aufgerechnet wird,
lass uns für Versöhnung
und Vergebung werben.

Wo Uneinigkeit
und Unfriede herrscht,
lass uns für Eintracht
und Einigkeit uns einsetzen.

Wo Vorurteile und Missgunst
die Gedanken bestimmen,
lass uns für Verständnis
und Toleranz eintreten.

Wo Menschen Hilfe
und Beistand brauchen,
lass uns ihnen zur Seite stehen.

Lass uns in dieser Welt
Zeichen des Friedens setzen,
in der Hoffnung,
dass du vollenden wirst,
was wir beginnen
in deinem Sohn Jesus Christus.

Er muss ihnen merkwürdig
vorgekommen sein,
dieser sonderbare Alte.
Täglich ging er in den Tempel
und kam enttäuscht zurück.
Gott soll zu ihm gesagt haben,
dass er nicht sterben werde,
bevor er den Messias gesehen habe.

Hatte er sich das nicht eingebildet,
wieso sollte Gott ausgerechnet ihm
ein solches Versprechen geben?
Gewiss, Simeon war fromm,
er hielt sich an die Gesetze,
er vertraute den Verheißungen,
er sehnte sich nach dem Retter Israels.

Aber besteht darin nicht gerade die Gefahr,
dass man zuletzt meint, es müsse eintreten,
worauf man hofft und sein Leben setzt?
Kann das nicht sogar zur fixen Idee werden,
die alle Zweifel vollständig ausblendet?
Kann das nicht sogar um den Verstand bringen
und man verliert allen Bezug zur Wirklichkeit?

Andere hofften auch,
sie sehnten sich wie er nach Erlösung,
aber sie hofften nicht wie er.

So viele vor ihm haben gewartet und gehofft,
haben geglaubt und sind enttäuscht worden,
waren darüber vielleicht sogar verbittert worden.

Man kann es auch übertreiben,
werden sie gedacht haben,
als sie ihn in den Tempel laufen sahen.
Seht ihr, wir haben Recht gehabt,
meinten sie erleichtert, als er zurückkam.
Simeon aber bleibt unbeirrt,
er vertraut der Zusage seines Gottes
und er ist es, der zuletzt Recht behalten wird.
Er wird den Messias sehen
und in seine Arme schließen können.
Seine Hoffnung hat sich erfüllt,
nun kann er beruhigt sterben,
denn nun weiß er den Messias am Werk.

Hoffen gegen den Augenschein,
unbeirrt an seinem Ziel festhalten,
sich nicht entmutigen lassen,
ausharren bis zuletzt und nicht aufgeben:
Simeon ist belohnt worden,
sein lebenslanges Warten hat sich gelohnt.
Hoffen und Harren macht eben nicht zum Narren,
und wenn, dann zum Narren um Christi willen,
der Hoffnung hat für diese Welt,
und danach lebt und handelt.

Wir sehen es Jahr um Jahr,
wenn die Saat auf das Feld
ausgeworfen wird.
Sie dringt in den Boden
und die Erde bedeckt den Samen.
Dem Bauer bleibt nun
nichts anderes übrig als zu warten.
Er wartet auf den Regen,
auf die Kraft der Sonne,
auf den Wind zur rechten Zeit.

Es vergehen Wochen
und er kann nichts anderes tun
als abwarten und hoffen.
Er weiß, dass Ungeduld
alles zunichte machen kann.
Er muss sich im Warten üben,
davon hängt seine Existenz ab.

Dabei ist nichts schwerer
als gerade das Warten.
Mit welcher Ungeduld
sehnen wir oft einen Termin herbei,
möchten wir den Ausgang wissen,
das Ergebnis einer Arbeit, eines Spiels,
einer Wahl oder auch einer Untersuchung.
Die Ungeduld nagt an uns,
sie lässt uns keine Ruhe.

Wie sollte es den Menschen damals
anders gegangen sein,
die wie die Jünger auf das Kommen
des Reiches Gottes gewartet haben?
Es lässt nicht herbeizwingen,
es hat seine eigene Zeit.

Das Reich Gottes nimmt uns
in seinen Dienst,
wie der Bauer haben wir
unser Feld zu bestellen.
Wann Gott aber seine Saat aufgehen lässt,
wann das Reich Gottes zu uns kommt,
das liegt allein bei ihm,
für uns unergründlich und unerforschlich.
Aber es wird kommen und ist schon nahe.

Die Zeit des Advents ist
die Zeit des Wartens auf das Kommen Gottes,
es ist für uns die Zeit des Einübens ins Warten.
Warten braucht Ruhe und Gelassenheit,
braucht die Zeit der Stille und der Meditation,
Dann aber kann geschehen, dass tief in uns
die Frucht aufgeht, die Gott gesät hat;
dass wir spüren, wie nahe er uns ist;
dass er zu uns kommen will und
dass seine Zeit schon begonnen hat.

3. Advent

Der Tag des Gerichts ist da, tut Buße und kehrt um

Ist dieser von Jesus von Nazareth wirklich der Messias Israels, der Richter der Welt? Hört, seht und glaubt.

Der dritte Advent sucht die Wüste auf, dort wird der Messias erwartet. Sie ist der klassische Ort der Vorbereitung, der Buße und der Umkehr. Die Glaubensgemeinschaft von Qumran ist in die Wüste gegangen, um dort die eschatologische Heilszeit zu erleben. Eremiten und klösterliche Gemeinschaften haben sich in ihr angesiedelt, um in der Abgeschiedenheit Gott zu begegnen. In der Bibel ist die Wüste der klassische Ort der Gewährung wie der Bewahrung.

Johannes der Täufer kam aus der Wüste, er ist der letzte Prophet der alttestamentlichen Zeit und der Bote der zukünftigen Herrlichkeit. Die christliche Überlieferung hat ihn zum Vorläufer für Jesus Christus werden lassen. Die Frage, ob Jesus von Nazareth tatsächlich der erwartete und ersehnte Messias ist, hat ihn bis zuletzt beschäftigt. Sie ist bis zum heutigen Tage die entscheidende Glaubensfrage geblieben.

Für Johannes den Täufer war mit der Zeitenwende der Gedanke an das Gericht verbunden. Nach den Aussagen des Neuen Testaments wie des Glaubensbekenntnisses ist der wiederkehrende Christus der Richter der Menschheit. Buße erinnert uns daran, wie wir vor Gott stehen. Sie fordert Umkehr und Rückkehr zu Gott.

Wochenspruch: Jesaja 40,3.10

O Heiland reiß die Himmel auf (EG 7)

Psalm 85
Sündenbekenntnis und Gebet
Alttestamentliche Lesung: Jesaja 40,1-11
Epistellesung: 1. Korinther 4,1-5

Tröstet, tröstet, spricht der Herr (EG 15)

Evangeliumslesung: Matthäus 11,2-10

Mit Ernst, o Menschenkinder (EG 10)

Predigt

Gott sei Dank durch alle Welt (EG 12)

Fürbittengebet

Die Nacht ist vorgedrungen (EG 16)

Person: Johannes der Täufer
Symbol: Wüste

Bereitet dem HERRN den Weg;
denn siehe der HERR kommt gewaltig.
Jesaja 40,3.10

Wir sind auf dem Weg,
es gibt kein Stehen bleiben.
Wir verändern die Welt
und auch wir selbst
bleiben nicht dieselben.
Was bestimmt die Richtung,
welchen Weg gehen wir,
wo werden wir ankommen?

Wir sind auf dem Weg,
wir brauchen Mut und Ausdauer,
jeder Schritt zehrt an unserer Kraft,
jedes Hindernis kostet Überwindung.
Werden wir die nächste Strecke schaffen;
wie lang ist die Spanne,
die wir zu gehen haben?

Wir sind auf dem Weg,
wir gehen Umwege und Irrwege,
wir befinden uns oft genug wie im Labyrinth,
wir vertrödeln Zeit und immer wieder
müssen wir von vorne anfangen.
Wir zweifeln oft genug an der Richtung,
vielleicht liegt unser Ziel ganz woanders.

Wir sind auf dem Weg,
wir sind nicht allein,
so viele suchen wie wir,
sie haben dieselben Fragen,
sie hoffen auf den einen,
der uns die Richtung weist,
der uns zum Ziel bringt.

Wir sind auf dem Weg
und während wir noch suchen,
kommt er uns entgegen;
für all unsere Fragen
ist er die Antwort;
und während wir noch
nach Worten suchen,
spricht er uns an.

Wir sind auf dem Weg,
wir gehen auf ihn zu,
wir erkennen das Ziel.
Wir spüren die Kraft,
die uns Ausdauer gibt.
Der Zweifel schwindet,
alle Mühe fällt von uns ab,
nur noch Schritte trennen uns,
der Weg ist uns geebnet.
Wir erwarten ihn bei uns,
so bereiten dem Herrn den Weg.

Israel bist du gnädig gewesen, Gott,
du hast ihm all seine Sünden vergeben.
Sie haben gegen dich gemurrt
und dir nicht vertraut;
sie haben geklagt und
Vorwürfe gegen dich erhoben.
Du aber hast dein Volk nicht verlassen,
sondern hast ihm deine Treue erwiesen.

Du hättest Recht, uns zu zürnen,
mit Recht würde uns dein Zorn treffen.
Wir haben dich vergessen, Gott,
wir haben uns in unserem Leben eingerichtet,
als gäbe es dich nicht.
In unseren Gedanken kommst du
nur sehr selten vor.
Wenn wir Leid erfahren und Unrecht erleben,
dann rufen wir zu dir und klagen;
dann fragen wir, wo du bist
und warum du schweigst.

Wir leben auf Kosten anderer.
Wir haben kein schlechtes Gewissen,
wenn wir die Länder der Armen ausbeuten,
uns ihrer Rohstoffe bemächtigen
und ihre Arbeitskraft für uns einsetzen.
Wir haben sie abhängig gemacht von uns

und lassen sie für unseren Profit arbeiten.
Wir reden von Freiheit und Gerechtigkeit
und denken doch zuerst an unseren Vorteil.

Dein Zorn trifft uns zu Recht, Gott,
wir haben keine Milde zu erwarten.
Und doch bitten wir dich,
sei uns gnädig, so gnädig,
wie du es einst zu Israel warst.
Du hast ihm alle Sünde vergeben
und es konnte dich
mit fröhlichem Mund loben.
Bis heute hat es das nicht vergessen.

Lass uns neu beginnen,
lass uns die Kraft spüren,
die in deiner Vergebung liegt.
Dein Zorn würde uns vernichten,
dein Urteil alle Zukunft zerstören.
Wir hoffen auf deine Liebe,
sieh auf uns und hab Erbarmen.
Wende dich uns wieder zu,
wir bitten dich,
richte uns auf und schenke uns
und der Welt einen Neuanfang.

HERR, erweise uns deine Gnade
und gib uns dein Heil.
Psalm 85,8

Gott,
wenn du kommst,
um zu richten,
dann erbarme dich unser.

Wir setzen mehr Vertrauen
in das, was wir leisten,
als in dich und deine Verheißung.
Wir wollen ohne dich zurecht kommen,
wollen allein alles beherrschen
und stoßen doch immer wieder an Grenzen.

Gott,
wenn du kommst,
um zu richten,
dann erbarme dich unser.

Wir haben dich an die Grenze unseres Lebens
geschoben, dir ein Randdasein zugewiesen.
Wenn wir nicht mehr weiter wissen,
dann besinnen wir uns auf dich.
Du aber willst die Mitte unseres Lebens sein,
jede Stunde hältst du deine Hand über uns.

Gott,
wenn du kommst,
um zu richten,
dann erbarme dich unser.

Wir können nicht ohne dich leben,
nicht einen einzigen Tag,
lass uns das erkennen
und hab Erbarmen mit uns.
Wir können nicht bestehen,
wenn du über uns richtest,
wir hoffen auf deine Liebe.

Gebet

Auf was sollen wir
noch warten?
Gibt es noch Hoffnung
auf Veränderung für uns
und die Welt?
Was ist aus seinen Worten geworden,
wann kommt das Reich Gottes?
Gott, lass uns erkennen und spüren,
wie der Glaube Kreise zieht,
wie die Liebe unter uns wächst.
Gott, öffne uns die Augen,
damit wir sehen, wie nah du uns bist.

Es ist in den Dingen,
das Vergehen und der Tod;
die Natur macht es uns vor
und uns geht es nicht anders.
Blätter fallen, Gras verdorrt,
Blumen verwelken.
Alles Leben stirbt
und uns geht es genauso.
Es steckt auch in uns,
das Vergehen und der Tod,
Wir werden nicht bleiben,
nichts wird mehr bleiben:
von uns nichts,
von der Natur nichts,
von der Welt nichts.

Woran sollen wir uns halten,
können wir etwas sagen,
das Bestand hat?
Werden nicht auch
unsere Worte vergehen müssen?
Sind sie mehr
als der Rauch im Wind?
Gott gibt uns sein Wort,
und das bleibt, weil Gott treu ist.
Es ist Verlass auf ihn
und auf das, was er uns verspricht.
So hat es Israel erfahren und

so erzählt es seitdem immer wieder.
Als die Menschen keine Hoffnung
mehr hatten, als sie in der Fremde waren
und um die Heimat trauerten,
da erging Gottes Wort an sie:

Tröstet, tröstet mein Volk.
Redet mit Jerusalem freundlich,
und predigt ihr, dass ihre
Knechtschaft ein Ende hat.
Jesaja 40,1.2

Alle Schuld war abgetragen,
alle Not sollte zu Ende sein.
Gott wird zu seinem Volk kommen.
In der Wüste würde ihm
der Weg geebnet, Täler würden erhöht
und Berge würden erniedrigt werden.
Und alle Welt würde es sehen,
dass Gott kommt;
über sie alle würde
seine Herrlichkeit aufgehen.

Alles vergeht, aber sein Wort bleibt.
Wir werden sterben, aber Gott
wird uns das Leben wiedergeben.
Über uns zieht sein Glanz auf
und wir werden in seinem Licht stehen.

Am Ende der Zeit,
dann wird der kommen,
auf den wir hoffen.

Er wird kommen
und richten,
uns und die anderen.

Es ist uns ein ferner
und fremder Gedanken,
vor dem Richterstuhl
stehen zu müssen.

Dass der eine oder andere
sich einmal verantworten muss,
dass es eine letzte Gerechtigkeit gibt,
hoffen wir insgeheim.

Aber dass wir selbst auch einmal
alles vorgerechnet bekommen,
ist uns nicht unbedingt Recht,
wir kämen lieber so davon.

Wir verdrängen gerne diesen Gedanken,
er bekommt in unserem Leben
immer weniger Raum.
Er droht unserem Blick zu entschwinden
und wir würden ihn gern vergessen.

Der Wiederkommende
hält das Schwert in der Hand,
nach seinem Maß wird er richten.

Aber weil der Wiederkommende
der Dagewesene ist, besteht Hoffnung
für uns und die Welt.

Er hat den Menschen gezeigt,
wie weit die Vergebung geht,
er hat von der Liebe des Vaters gesprochen
und Menschen die Schuld vergeben.

Wir hoffen darauf,
dass er uns freisprechen wird,
aber das liegt bei ihm.

Wenn wir aber
auf Vergebung hoffen,
sollten wir dann nicht
einander verzeihen?

Und wenn es Gott ist,
der zuletzt das Urteil über uns spricht,
sollten wir dann nicht aufhören,
uns gegenseitig zu richten?
Unser Leben ist in Gottes Hand
und das des anderen auch.

Bist du es, der da kommen soll
oder sollen wir auf einen anderen warten?
Matthäus 11,3

Was ist anders geworden,
seitdem er in der Welt ist?
Gibt es seitdem weniger Ungerechtigkeit,
gibt es weniger Not und weniger Leid?
Sind die Menschen seitdem andere geworden,
ist das Menschengeschlecht nun ein besseres?

Es gab auch Kriege seitdem,
sie haben nicht aufgehört:
Kriege in Namen des Kreuzes
und Kriege von Christen gegen Christen.
Menschen wurden verschleppt und versklavt
im Namen des Evangeliums,
mit seiner Botschaft wurde Missbrauch getrieben.

Bist du es, der da kommen soll
oder sollen wir auf einen anderen warten?
Matthäus 11,3

Es kamen andere vor ihm
und nach ihm,
es folgten ihnen Menschen,
die bereit waren, alles aufzugeben;
und einige gingen mit ihm

auch in den Tod hinein.
Was unterscheidet den einen
von ihnen allen, was macht
den Mann aus Nazareth zum Messias,
warum ist Jesus der Christus?

Seine Worte sind nicht vergangen,
sie sind in der Welt geblieben;
von dem, was er tat, spricht man seitdem.
Seine Worte und seine Taten
sind Zeichen der künftigen Welt,
sie stehen gegen Leid und Ungerechtigkeit.

Mag sein, dass die Welt
nicht besser geworden ist;
aber die ihm gefolgt sind,
haben sie verändert, haben je
an ihrem Ort Zeichen gesetzt,
Zeichen der Nächstenliebe
und der Gerechtigkeit.
Seine Worte haben Kreise gezogen,
sie haben sich nicht unterkriegen lassen,
sie haben dem Missbrauch widerstanden.

Wir brauchen auf keinen anderen warten,
wir müssen uns nur aufmachen und ihm folgen,
dann wird sich unser Leben verwandeln
und auch unser Welt.

Gott, wir warten auf dich,
du wirst kommen
und bist schon mitten unter uns.
Du verheißt uns dein Reich
und es hat bereits begonnen,
inmitten der Gegenwart
ereignet sich unsere Zukunft.

Weil du uns so nahe kommst,
dürfen wir zu dir sprechen
und uns an dich wenden.

Nicht immer sind wir uns sicher,
manchmal sitzt der Zweifel tief:
Ist Jesus der versprochene Messias,
hat er die Welt erlöst, oder
war alles doch vergebens?

Manchmal bist du uns so fern,
lastet die Leere und Verlassenheit
so schwer auf uns, dass wir uns
wie vergessen vorkommen.

Wir wünschen uns einen festen,
einen starken Glauben, der trägt,
der unser Leben aushält und
an den sich andere lehnen können.

Wir wollen glauben,
aber wir schaffen es nicht allein.
Wir wollen hoffen,
aber wir fühlen uns müde.
Wir wollen lieben,
aber wir spüren unsere Schwäche.

Gott, wir bitten dich für uns
und alle Menschen,
die um den Glauben ringen,
schenke ihnen und uns deine Nähe,
gib uns deinen Geist,
der uns immer wieder aufs neue
glauben, hoffen und lieben lässt.

Es war das letzte Mal,
dass jemand auftrat, dessen Worte
das Gewicht eines Propheten hatten.
Johannes der Täufer ist das letzte Glied
in der Reihe der Gottesboten,
die von ihrem Herrn ermächtigt wurden
in ihrer Zeit sein Wort zu verkündigen.

Sein Wort wog schwer,
denn es sagte Gericht an,
unheilvoll und unabwendbar.
Er sah die Axt schon an den Stamm gelegt.
Der Baum, aus dem der Spross Israel
herangewachsen war,
sollte unweigerlich gefällt werden.

Johannes sagte das Gericht an,
vor das zuletzt jeder gestellt würde,
vor das sich jeder zu verantworten hätte.
Was haben wir für ein Urteil zu erwarten?
Haben wir Gott und den Menschen gedient,
waren wir frei von Selbstsucht und Neid,
haben wir das Rechte getan oder waren wir feige,
haben wir mutig bekannt oder haben wir uns
ins Schweigen, Zusehen und Zulassen geflüchtet?
Johannes ist es ernst mit dem Gericht,
er hält die Axt in der Hand, Ausflüchte
und Erklärungen helfen nicht mehr.

Johannes will Buße und Umkehr,
das ist unsere letzte Chance.
Zu Gott sollen wir zurückkehren,
nur so werden wir leben.
Und zum Zeichen dafür
taucht er Menschen ganz unter,
tauft er sie zu Kindern der neuen Zeit.
Und er weiß, sie steht unmittelbar bevor,
es wird jemand kommen,
der wird den Himmel zur Erde bringen,
und der wird über diese Welt richten.

Sein ganzes Leben, all seine Worte
sind zu einem einzigen Hinweis geworden.
Aber am Ende kommen Zweifel auf:
Ist dieser Jesus von Nazareth wirklich der,
auf den alle gewartet haben
und den er angekündigt hat?
Gibt es Beweise oder zumindest Hinweise,
dass er sich nicht geirrt hat?
Statt Gericht schenkt er Vergebung,
statt mit Macht regiert er mit Liebe,
seine Worte trösten und heilen,
sein Evangelium lässt die Welt heil werden.

Ist dieser Jesus von Nazareth wirklich
der Messias Israels, der Richter der Welt?
Hört, seht und glaubt.

Man muss nicht unbedingt
in die Wüste geschickt werden,
manchmal sucht man sie auch freiwillig auf,
denn sie ist der Ort,
an dem wir ganz bei uns sind.
Nichts lenkt uns ab,
wir können uns auf das konzentrieren,
was wichtig ist für uns und unser Leben.

Menschen sind immer wieder
in die Wüste gegangen,
so suchten sie sich vorzubereiten
auf die Begegnung mit Gott.
Die Wüste ist der Ort
der größten Gottesferne
wie auch der Gottesnähe.

Israel durchzog vierzig Jahre lang
die Wüste auf dem Weg zum gelobten Land.
Es murrte gegen Gott, es klagte gegen ihn,
es zweifelte immer wieder an ihm.
Und was als Zeit der Bewährung gedacht war,
wurde zur Zeit der Bewahrung.
Allen Murren zum Trotze
hat Gott sein Volk zum Ziel geführt.

In der Wüste ist der Mensch
tausend Anfechtungen ausgesetzt.

Versuchungsgeschichten haben
ihren Ort in der Wüste.
Wer so nur auf sich gestellt ist,
ist anfällig für allerlei Verführungen.
Der Eremit Antonius hat es
am eigenen Leibe erfahren,
und auch Jesus wurde vom Satan
in der Wüste versucht.
Wer diesen Anfechtungen widerstanden hat,
den wird nichts mehr überwinden können.

Und es mag sogar sein,
dass wir erst dann, wenn wir
diesen Versuchungen widerstanden haben,
bereit sind für die Begegnung mit Gott.
In der Wüste sollen wir Gott den Weg bereiten,
dort will er uns entgegenkommen.
In der Geschäftigkeit dieser Zeit
werden wir ihn nie finden,
nur wenn es uns gelingt,
dass wir still werden und zu uns selbst kommen,
dann wird er sich auch von uns finden lassen.

Wir brauchen die Erfahrungen der Wüste,
die lange Tradition der Kontemplation,
der Konzentration auf das Kommen Gottes.
Wir brauchen unsere eigenen Wüstenerfahrungen,
Inseln der Stille inmitten der Unruhe dieser Welt.

4. Advent

Freuet euch in dem Herrn allewege, denn der Herr ist nahe!

Hat er die Welt verändert oder ist er gescheitert?
War er Gottes Sohn oder war alles nur ein Traum?
Sie wird an das Wort des Engels gedacht haben
und an die Verheißung, die diesem Kind gilt.

Der vierte Advent steht im Zeichen der Verheißung, die an Maria gegangen ist. Sie erfährt die Botschaft des Himmels an die Erde und sie wird selbst Teil dieser Botschaft. Die ausgeprägte Marienverehrung der römisch-katholischen Kirche hat bei den evangelischen Christen im Gegenzug zu einer starken Zurückhaltung gegenüber Maria geführt. Sie ist zu einer Randgestalt geworden.

Maria, nicht als Heilige oder Himmelskönigin, sondern als die Frau aus Nazareth, die den Weg ihres Sohnes bisweilen auch mit Erstaunen und Verwunderung begleitet hat, ist wiederentdeckt worden. Sie ist die erste, an die die Nachricht vom Kommen Gottes ergeht, sie stimmt das mächtige Lied der Befreiung an, das geradezu revolutionären Sprengstoff enthält. Die biblischen Erzählungen lassen die Konturen einer bemerkenswerten Frau hervortreten.

Auch der Engel ist wiederentdeckt worden, als Schutzengel hat er geradezu Hochkonjunktur bekommen. In der Perikope von der Ankündigung der Geburt Jesu hat er lediglich hermeneutische Funktion. Er tritt als das Wort auf, das sich Erde allenfalls erträumen kann. Die Wirklichkeit seiner Botschaft übersteigt und sprengt alle irdischen Vorstellungen. Diese Nachricht kann nur ein Engel bringen.

Wochenspruch:	Jesaja 40,3.10

Es kommt ein Schiff geladen (EG 8)

Psalm 102
Kyrie und Gebet

Alttestamentliche Lesung:	Jesaja 52,7-10
Epistellesung:	Philipper 4,4-7

Nun jauchzt, all ihr Frommen (EG 9)

Evangeliumslesung:	Lukas 1,39-56

Predigt

Hoch erhebt den Herrn mein Herz (EG 309)

Fürbittengebet

Nun sei uns willkommen, Herre Christ
(EG 21, Kanon)

Person:	Maria
Symbol:	Engel

Freuet euch dem Herrn allewege,
und abermals sage ich:
Freuet euch! Der Herr ist nahe!
Philipper 4,4.5b

Es waren schon Jahrzehnte vergangen
und die Zeugen vom Anfang waren schon alt.
Wie lange hatten sie schon gehofft,
wie viele Enttäuschungen hatten sich hinter sich,
wie oft sind sie schon gefragt worden?
Und jedes Mal mussten sie ausweichen,
mussten sie immer wieder vertrösten,
fehlten ihnen manchmal sogar die Worte.

Die anfängliche Begeisterung ließ nach,
die Hoffnung begann zu versiegen,
und mit dem Alltag kehrte auch
die Ernüchterung ein.
Wer weiß, ob sie den Tag noch erleben würden,
vielleicht nicht einmal mehr ihre Kinder.
Wird dieser Tag jemals kommen?

Es werden Jahrhunderte vergehen,
es kann ein Tag sein wie dieser,
ein Tag wie in all den Jahren zuvor,
dieselben Lesungen, die altvertrauten Texte,
nichts Ungewöhnliches oder Unvorhergesehenes,
und gerade dann kann es geschehen,

dass diese Worte anstecken,
dass sie auf einen Boden fallen,
der sie aufnimmt,
dass sie zu wachsen beginnen.

Dann schlagen diese Verse eine Brücke
und überwinden alle Zeit,
dann ergehen sie heute an uns
wie damals an die Menschen,
die sie zum ersten Mal hörten.
Und über unser Gesicht geht ein Strahlen,
wir hören nicht nur von der Freude,
wir spüren sie auch, sie steigt in uns auf.

Wir beginnen das Unbegreifbare zu ahnen,
und wir kommen aus dem Staunen
nicht mehr heraus.
So nah ist uns der Herr,
so nah kommt uns Gott.
Es trennen uns nur noch Tage,
eine Handbreit Zeit, nicht mehr.
Wir spüren die Freude
und sie zieht Kreise.
Sie steckt an, auch nach Jahrhunderten
hat sie nichts von ihrer Kraft verloren,
wir empfangen sie und geben sie weiter.
Das bedeutet Advent, dass wir uns freuen,
und diese Freude mit anderen teilen.

Die in den Kerkern
können wieder hoffen;
und die im Dunkeln
werden das Licht wieder sehen.
Dem Tod waren wir ausgeliefert,
aber wir werden frei werden,
denn Gott hat uns erhört.

Unsere Gebete sind nicht ins Leere gegangen,
unsere Worte waren nicht Schall und Rauch.
Es war nicht vergebens, dass wir zu ihm riefen.
Wir meinten, wir seien verlassen.
Wir dachten, da ist kein Gott, der uns hört.
Über allen Himmeln droht er,
was kümmern wir ihn, so sprachen wir.

Wie kriegen wir das zusammen,
was in der Welt geschieht;
was wir an Unglück
und Ungerechtigkeit erleben;
was uns widerfährt und
was wir erleiden müssen?
Ist da ein Gott? Wo ist er?
Warum kommt er nicht,
warum bleibt er uns so fern?

Gott wird wiederkommen,
er wird Zion wieder aufbauen;
inmitten unserer Welt
wird er wieder Wohnung nehmen.
Gott wird unser Leid teilen,
er wird unser Schicksal wenden.
Wir dürfen uns freuen,
Israel preist seinen Gott
und wir können mit einstimmen.

Die Völker werden kommen,
aus allen Richtungen
werden die Menschen strömen.
In den Gassen von Jerusalem
werden ihre Rufe widerhallen,
in allen Sprachen werden sie
Gott loben, denn er ist
wieder zurückgekehrt.

Gott ist König, seine Herrschaft reicht
von einem Ende der Welt zum anderen,
sie umfasst Himmel und Erde,
sie kennt weder Anfang und Ende.
Alle Völker dienen ihm,
er allein ist unser Gott.

In die Dunkelheit dieser Welt
bringe dein Licht, Gott,
den Menschen in Not,
in Krieg und Bürgerkrieg,
auf der Flucht und in den Lagern.
Lass sie nicht ohne Beistand,
lass sie deine Nähe spüren.
Wir rufen dich an:

Kyrie, kyrie eleison,
Herr, guter Gott, erbarme dich.

In die Dunkelheit dieser Welt
bringe dein Licht, Gott,
den Menschen in Not,
die ohne Sinn und Ziel sind,
die sich um ihre Zukunft sorgen,
die nicht wissen, was morgen ist.
Lass sie nicht ohne Beistand,
lass sie deine Nähe spüren.
Wir rufen dich an:

Kyrie, kyrie eleison,
Herr, guter Gott, erbarme dich.

In die Dunkelheit dieser Welt
bringe dein Licht, Gott,
den Menschen in Not,

die krank sind und leiden,
denen Schmerzen zu schaffen machen
und die den Tod vor Augen haben.
Lass sie nicht ohne Beistand,
lass sie deine Nähe spüren.
Wir rufen dich an:

Kyrie, kyrie eleison,
Herr, guter Gott, erbarme dich.

Gebet

In dem Dunkel dieser Welt
zünden wir Lichter an
zum Zeichen der Hoffnung
für alle Menschen.
Gott, lass uns selbst dies Licht sein,
lass uns leben, glauben und handeln aus dir.
Gib uns deinen Beistand.

Ihre Füße haben die Zeit durchmessen,
sie sind über Höhe geschritten
und mussten auch durch dunkle Täler.
Sie hätten vermutlich längst aufgegeben,
wäre ihre Botschaft nicht so wichtig gewesen.
Das Schicksal eines ganzes Volkes
hängt an diesen Worten,
die Zukunft einer ganzen Generation.

Sie bringen die Hoffnung zurück
in die Herzen der Verbannten,
und wo ihr Wort zu hören ist,
da geschieht Heil, da heilen die Risse
in den Seelen der Verzweifelten.
Sie dachten an Jerusalem und weinten,
sie trauerten um das verlorene Gut.
Ihre Stadt war ein Trümmerfeld geworden,
ihre Lieder kannten nur noch die Klage,
ihr Glaube war ihnen zerbrochen.

Da vernehmen sie die Schritte der Freudenboten,
sie hören sie direkt auf sie zukommen,
sie vernehmen die Botschaft des Heils,
sie hören die Worte des Friedens.
Gott hat der Gewalt ein Ende bereitet,
die Gefangenen sollen frei werden,
Israel kann wieder zurückkehren.
Die Ohren können nicht begreifen,

was sie hören, und die Augen kommen
aus dem Staunen nicht mehr heraus.
Die Boten rufen ihnen zu:

Dein Gott ist König! Deine Wächter rufen
mit lauter Stimme und rühmen miteinander;
denn alle Augen werden es sehen,
wenn der HERR nach Zion zurückkehrt.
Jesaja 52,7.8

Gott kehrt zum Zion zurück und
sein Volk wird wieder in Jerusalem wohnen;
und in seinen Gassen wird man wieder
Kinder lachen hören und im Tempel werden
wieder Loblieder angestimmt werden.
Selbst die Trümmer werden vor Freude
jauchzen, denn Israel ist heimgekehrt.

Lieblich sind die Füße der Freudenboten,
denn ihre Nachricht wendet das Geschick
des Volkes Israel und das der ganzen Welt.
Alle Völker werden erkennen,
dass Gott der Herr ist und sie werden
erkennen, dass er ein barmherziger Gott ist.
Alle Menschen können sich freuen,
denn wird es Frieden auf Erden,
seine Boten kommen und verkündigen es.

Dieser Friede ist mehr,
als dass für einen Tag die Waffen ruhen,
dass niemand um sein Leben bangen muss,
dass kein Schrei mehr die Nacht zerreißt.

Dieser Frieden ist mehr,
als dass Flüchtlinge zurückkehren,
dass Soldaten keine Waffen mehr tragen müssen,
dass Mauern und Grenzen eingerissen werden.

Dieser Friede ist mehr,
als dass keiner den anderen mehr fürchten muß,
dass Gewalt aus den Herzen der Menschen weicht,
dass Verständigung und Versöhnung geschieht.

Dieser Friede ist mehr,
als dass kein Tier mehr gequält wird,
dass kein einziges Wesen mehr gering geschätzt
wird, dass dieser Planet Lebensraum für alle ist.

Dieser Friede ist mehr,
als dass Luft nicht weiter verpestet,
dass Erde nicht immer weiter vergiftet,
dass Wasser nicht mehr verschmutzt wird.

Dieser Friede bedeutet das alles
und er ist dennoch mehr,
er gilt nicht nur der Erde,

er umfasst Himmel und Erde,
er umschließt alle Welten.

Dieser Friede bleibt
nicht bei Absichtserklärungen,
er scheitert nicht
an halbherzigen Bekundigungen,
er liegt nicht
in den Händen der Menschen.

Diesen Frieden beginnt Gott,
sein Sohn macht den Anfang,
sein Leben zeigt den Weg
seines Friedens auf.

Er hat Versöhnung gelebt,
er hat Verständigung angebahnt,
er hat sich kompromisslos auf die Seite
der Schwachen und Unterdrückten gestellt.
Dem Tod hat er die Macht genommen
und dem Leben eine neue Chance gegeben.
Diesen Frieden haben nicht alle verstanden,
denn er ist höher als alle Vernunft.
Man hat ihn aus der Welt schaffen wollen,
Gottes Friede aber ist größer,
er bewahre unsere Herzen und Sinne
in Jesus Christus.
Philipper 4,7

Wie mag es gewesen, damals,
als der Engel zu Maria kam?
Es wird ein einfaches Haus gewesen sein,
einfach lebten die Menschen damals,
sie brauchten wenig zum leben und das Wenige
wurde ihnen oft genug streitig gemacht.

Besetzt war das Land: Fremde
herrschten über Israel und Juda,
über Jerusalem und den Tempel.
Gottes Volk in heidnischer Hand!
Widerstand formiert sich
hinter verschlossenen Türen,
die Entschlossenen umklammern das Schwert.
Gott wird mit ihnen sein, Feuer wird es vom
Himmel regnen und die Erde wird beben.
An versteckten Orten kamen sie zusammen,
zu allem bereit und warteten auf das Zeichen.

Ob sie sich auch in Nazareth trafen?
Was war das schon für ein Ort,
wer dachte an dieses Nest?
Männer gehen ihrer Arbeit nach,
Frauen bereiten im Haus das Mahl vor
geschäftige Alltäglichkeit wie überall,
damals wie heute.
In dieses Leben kommt der Bote Gottes,
er betritt diese kleine Welt und macht sie

zur Bühne des Kommenden.
Er kündigt die Geburt des Gottes Sohnes an:
Siehe, du wirst schwanger werden und einen Sohn gebären, und du sollst ihm den Namen Jesus geben.

Der wird groß sein und Sohn des Höchsten genannt werden; und Gott der Herr wird ihm den Thron seines Vaters David geben, und er wird König sein über das Haus Jakob in Ewigkeit, und sein Reich wird kein Ende haben.
Lukas 1,31-33

Die Botschaft des Engels hebt Maria heraus
aus ihrem Volk und auch aus der Zeit.
Sie weiß, welche Verantwortung auf sie zukommt;
sie ahnt, dass nun ein beschwerlicher Weg beginnt.
Aber so fängt Gott mit den Menschen neu an,
indem er in die Alltäglichkeit
unseres Lebens eingeht.
Ganz unten beginnt er an gerade in diesem
Nazareth, diesem vergessenen Ort;
auch und gerade mit Maria,
von der wir nie gewusst hätten,
wäre der Engel nicht zu ihr gekommen.
Maria nimmt seine Botschaft auf
und verwandelt sie in ein Lied:

Lukas 1,46-55 (Magnifikat)

Josefine lebt in Kolumbien,
sie arbeitet in einem Gewächshaus,
die Blumen werden nach Europa versandt.
Ohne Schutz ist sie dem chemischen
Schädlingsbekämpfungsmittel ausgeliefert.
Sie hat Angst davor, daran zu erkranken und
daran zu sterben wie ihre Freundin.
Sie hat für ihr Kind zu sorgen,
das ist drei Jahre alt.

Gott, wir rufen dich an:
Erbarme dich ihrer.

Nisai lebt in Thailand,
ihre Eltern haben sie weggeben müssen,
von dem Geld haben sie die Schulden bezahlt.
Sie haben keinen anderen Ausweg gesehen,
wie sollten sie die drei Kindern sonst ernähren?
Nisai fürchtet sich vor dem Leben in der Stadt,
sie weiß, was die Leute im Dorf erzählen.
Sie hat Angst davor, als Prostituierte leben
zu müssen, sie ist erst 16 Jahre alt.

Gott, wir rufen dich an:
Erbarme dich ihrer.

Rosalie lebt in Sierra Leone,
die Rebellen haben sie gezwungen,

in ihrem Namen zu töten.
Ihr Leben kommt ihr wie ein Albtraum vor,
sie sieht die Gesichter der Ermordeten,
sie kommt nicht zur Ruhe.
Sie hofft auf Vergebung,
aber sie hat Angst vor der Zukunft.
Kann sie je in ihr Dorf zurückkehren?

Gott, wir rufen dich an:
Erbarme dich ihrer.

Tatjana kommt aus der Ukraine,
ihr ist versprochen worden, dass sie
in einem Hotel in Deutschland
arbeiten kann. Und nun ist alles anders:
Sie lebt wie eine Gefangene und
wird zur Prostitution gezwungen.
Sie will fliehen, aber sie hat Angst davor,
wieder aufgegriffen zu werden.

Gott, wir rufen dich an:
Erbarme dich ihrer.

Maria hat das Lied der Befreiung angestimmt,
sie hat darauf gehofft, dass Gott den Unterdrückten
Gerechtigkeit widerfahren lässt und sie frei werden.
Gott, wir hoffen auf dich, der du dich in Jesus
auf die Seite der Armen gestellt hast.

Zur Heiligen ist sie gemacht worden,
zur ewigen Jungfrau und Himmelskönigin,
man verehrt sie, man vergöttert sie,
man betet sie an, sie rückt in die Ferne.
Wahrscheinlich wäre sie selbst verwundert,
wenn sie sähe, was aus ihr gemacht worden ist.

In Nazareth war sie zu Hause,
einem Dorf im Norden Israels;
ihr Leben war einfach gewesen,
viel mehr hat sie wohl auch nicht erwartet.
Vielleicht hat sie wie all die anderen
vom Frieden geträumt, von Gerechtigkeit,
von einer besseren Zukunft.
Aber sollte das geschehen in einer Welt,
in der Waffen und Gewalt regieren, in der
die Mächtigen über die Zukunft entscheiden?

Es könnte nur sein, dass Gott selbst eingreift.
Aber warteten sie darauf nicht vergebens,
die Menschen in Jerusalem und auch in Nazareth?
Haben darauf nicht schon ihre Eltern gehofft
und all die Generationen zuvor?
Auch Maria hätte alle Zuversicht aufgegeben,
wäre da nicht das Wort eines Engels gewesen,
wäre da nicht dieses Kind,
das die Verheißung der Welt tragen soll.
Sie hat sich oft über ihn gewundert,

wie er, ein Kind noch,
mit den Schriftgelehrten im Tempel sprach;
wie er sie anfuhr bei der Hochzeit in Kana,
dass seine Stunde noch nicht gekommen sei.
Einmal wollten sie ihn von der Straße holen,
weil sie meinten, er sei von Sinnen.
Und was muss sie empfunden haben,
als er seine Hände über die Umstehenden
ausbreitete und sie alle als seine Mutter
und seine Geschwister bezeichnete?

Sie ließ ihn gehen und wich doch nicht von ihm,
sie stand unter dem Kreuz und sah ihn sterben.
Sie hielt seinen Leichnam in ihren Händen
und legte ihn unter Tränen ins Grab.
Hat er die Welt verändert oder ist er gescheitert?
War er Gottes Sohn oder war alles nur ein Traum?
Sie wird an das Wort des Engels gedacht haben
und an die Verheißung, die dem Kind galt.

Sie hat ihn gesehen, wie er zu einem neuen Leben
auferweckt worden ist; da hat sie erfahren,
was sie schon immer geglaubt hat,
dass Gott diese Welt nicht mit Macht regiert,
sondern, dass die Liebe sie verändern wird.
Sie hat es gewusst, seitdem sie den Engel
gehört hat, sie hat gewartet und gehofft.
Sie hat es mit eigenen Augen gesehen.

Wenn Worte zu Menschen kommen,
dann bedarf es der Boten.
Wenn Gottes Wort zum Menschen kommt,
dann verwandelt es sich zu einem Engel.
Am Anfang, da war es nicht mehr,
nur dieses eine Wort, das der Bote sprach.
Er kam und ging mit seiner Botschaft,
das Wort war seine ganze Existenz.

So kam er zu Abraham
und versprach ihm einen Sohn.
So stellte er sich dem Bileam in den Weg
und verhinderte, dass er Israel verfluchte.
So half er dem Elia auf und stärkte ihn
für die Strecke, die vor ihm lag.

Gott hat seine Boten aber nicht nur
mit dem Wort ausgerüstet,
er hat ihnen auch das Schwert
in die Hand gegeben.
So hat er Adam und Eva
aus dem Paradies vertrieben.
So ging er zu den Ägyptern
und tötete ihre Erstgeborenen.
So kämpfte Michael gegen Satanael
und warf ihn in die Tiefen der Hölle.
Bote Gottes ist der Engel
und Kämpfer für seine Gerechtigkeit.

Es blieb nicht bei dem einen Boten,
zu ihm gesellten sich im Verlaufe der Zeit
die himmlischen Heerscharen,
gegliedert in Hierarchien
und angeführt von den Erzengeln.
Und es blieb nicht bei dem Wort,
aus den Boten wurden Zwischenwesen,
die den Himmel mit der Erde verbinden.

Ein Engel brachte die Botschaft
vom Kommen Gottes zur Erde,
die himmlischen Heerscharen
priesen die Geburt des Gottessohnes;
dann aber entschwanden sie.
Wenn Gott selbst auf Erden ist,
dann bedarf er der Engel nicht.
Nach dem Tod Christi war es
wieder ein Engel gewesen,
der kam und der die Botschaft
des Himmels an die Erde brachte.
Das Leben wird nicht vergehen,
was zu Bethlehem begonnen hat
wird auf Golgatha nicht enden.
Das Licht, das Gott in unsere Welt
gebracht hat, wird auch noch
in der letzten Nacht leuchten.
Seit der Gottessohn auf Erden war,
geht diese Botschaft durch die Welt.

Christvesper

Es ist erschienen die heilsame Gnade Gottes allen Menschen

Wo Gottes Botschaft Menschen erreicht,
geschieht das Wunder dieser Nacht,
dort kehrt Gott in unser Leben ein
und schenkt uns seinen Frieden.

Die lange Zeit des Wartens findet in der Geburt des Kindes in Bethlehem ihr Ziel. Es ist die Atmosphäre des Aufbruches. Menschen sind unterwegs, ein Steuerbefehl bringt sie in die Stadt seines Geschlechtes. So lässt sich erklären, dass Jesus nicht in Nazareth, sondern in Bethlehem zur Welt kommt, um dort die Messiasweissagung zu erfüllen.

Während die einen aufbrechen, um einem Befehl der römischen Besatzungsmacht zu folgen, sind die Hirten unterwegs, um der Friedensbotschaft der Engel nachzugehen. Die Krippe ist der Schnittpunkt beider Bewegungen. Der Friede, der von diesem Kind ausgeht, soll in die Welt getragen werden. Das ist die Aufgabe, die an die Hirten ergeht, und an alle, die das Evangelium hören.

Bestimmt die Lichtsymbolik die Adventszeit, so findet sie auch am Heiligen Abend ihr Ziel. Das Licht der Adventskerzen wird überstrahlt vom Glanz des Christbaumes. Das Dunkel, das über dieser Welt liegt, Sünde, Angst, Not und Tod, weicht dem hellen Schein, der von diesem Kind ausgeht. Mit ihm kommt die erhoffte und ersehnte Wende, die Welt erhellt ein neues Vorzeichen. Die Freude über das Kommen Gottes bricht sich Bahn, alle Not wird überwunden und zuletzt auch der Tod.

Spruch des Tages: Johannes 1,14a

Lobt Gott, ihr Christen alle gleich (EG 27)

Psalm 96
Anspiel mit Kerzen und Gebet
Alttestamentliche Lesung: Jesaja 9,1-6
Epistellesung: Titus 2,11-14

Gelobt seist du, Jesu Christ (EG 32)

Evangeliumslesung: Lukas 2,1-10

Es ist ein Ros entsprungen (EG 30)

Predigt

Kommt und lasst uns Christum ehren (EG 39)

Fürbittengebet

Stille Nacht (EG 46)

Person: Hirten
Symbol: Rose

Krippenspiel

Das Wort ward Fleisch und wohnte unter uns,
und wir sahen seine Herrlichkeit.
Johannes 1,14

Wir haben all die Worte satt,
die wir täglich hören,
die Versprechungen und Verlockungen
die Ausflüchte und Vertröstungen,
die Halbwahrheiten und die Lügen.

Wir haben all die Worte satt,
denen keine Taten folgen,
an die sich morgen schon
keiner mehr erinnern will,
die alles verändern wollen
und alles lassen wie es ist.

Wir fragen nach Worten, auf die
Verlass ist, an die wir glauben können.
Wir brauchen Worte,
die unseren Glauben tragen;
die Wirklichkeit werden lassen,
was wir glauben und hoffen.

So bleibt es nicht bei Worten.
In dieser Nacht ist es geschehen,
dass das Wort selbst Gestalt annahm
und in einem Menschen zur Welt kam.

Dieses Kind ist selbst
zur Botschaft geworden,
es hat die Kluft zwischen Himmel
und Erde überwunden.
In ihm ist das Reich Gottes
für alle Menschen sichtbar geworden.

In unsicherer Zeit kam dieses Kind zur Welt,
man hat ihm nach dem Leben getrachtet
von Anfang an bis zum bitteren Ende.
Es hat Neider auf den Plan gerufen,
es hat die Selbstgerechten provoziert,
es war den Herrschern ein Dorn im Auge.

Aber ohne dieses Kind, ohne diesen Mann,
bliebe diese Welt sich selbst überlassen,
bekämen die Selbstgerechten Recht,
bestimmten die Mächtigen über
die Gerechtigkeit, gäbe es keine Veränderung.

Weil Gottes Wort nicht Schall und Rauch ist,
weil er in diesem Kind zu Worte kommen will;
weil dieses Kind seines letztes Wort ist,
feiern wir sein Kommen in unsere Welt.
Wie die Hirten staunen und wundern wir uns.
In dieser Nacht machen wir uns auf
und gehen dem Licht entgegen.

Ein neues Kapitel
hat Gott aufgeschlagen,
was uns gestern noch
bekümmert und bedrückt hat,
das soll uns heute
nicht mehr belasten.

Neue Lieder sollen wir singen,
in vielen Stimmen sollen wir Gott, den Herrn,
loben, dazu werden wir aufgefordert.
Unser Lied soll um die Welt gehen,
von einem Ende der Erde bis zum anderen.

Singet dem HERRN
und lobsinget seinem Namen,
verkündet sein Heil
von Tag zu Tag.
Psalm 96,2

Hirten waren die ersten,
die die Nachricht von dem Kind hörten,
und sie haben sich sogleich aufgemacht,
und kamen zum Stall und staunten,
dass mitten unter ihnen
Gott zur Welt gekommen war.

Sie konnten die Freude kaum fassen,
sie hörten nicht auf zu singen,

in dieser Nacht nicht und auch
am nächsten Tag nicht.
Sie stimmten alte und neue Lieder an,
sie fanden viele Weisen,
um von ihrer Freude zu singen,
ihr Leben wurde zu einem Fest.

Die Menschen im Dorf allerdings
argwöhnten über das »Hirtengesocks«.
Was ist in sie gefahren,
sind sie nun vollends von Sinnen,
was grölen die so laut?

Und doch wird dieses Lied
seinen Weg um die Welt finden,
durch noch so manche Nacht
wird es gehen, noch so manchen
Widerstand wird es überwinden.
In vielen Sprachen wird man
von diesem Kind singen, in dem
der Welt Friede verheißen wird;
wird man von dem Mann singen,
der liebte, der heilte und vergab,
der für die Welt den Tod überwand.
Neue Lieder sollen wir singen,
denn mit diesem Kind hat Gott
einen neuen Anfang gesetzt für die Welt
und für jeden von uns.

Vier Kinder/Jugendliche tragen große Kerzen; bevor sie ihren Text sprechen, zünden sie ihre Kerze an. Die Texte werden jeweils gerahmt von den Strophen des Liedes »Die Nacht ist vorgedrungen« (EG 16)

Die Nacht ist vorgedrungen, der Tag
ist nicht mehr fern (16,1)

Meine Kerze wünscht Frieden,
Frieden für euch und die Welt,
dass einmal alle Waffen schweigen
und niemand mehr Angst haben muss.

Dem alle Engel dienen, wird nun
ein Kind und Knecht (16,2)

Meine Kerze wünscht Hoffnung,
Hoffnung in dunkler Nacht,
dass nicht die Angst siegt, sondern
dass wir getrost in die Zukunft sehn.

Noch manche Nacht wird fallen
auf Menschenleid und -schuld (16,4)

Meine Kerze wünscht Freude,
Freude allen, die traurig sind,
dass der Glanz dieser Nacht
weite Kreise zieht.

Gott will im Dunklen wohnen
und hat es doch erhellt (16,5)

Meine Kerze ist ein helles Licht
für alle Menschen, die auf der Suche sind,
macht euch auf und kommt zum Stall,
der, den ihr sucht, er ist schon da.

Die Nacht ist schon im Schwinden,
macht euch zum Stalle auf (16,3)

Gebet

Gott,
in einem Kind bist du uns nah,
wehrlos und schutzlos kommst du.
Du lieferst dich uns aus.
Lass uns dich aufnehmen,
lass uns deine Worte bewahren
und von deiner Liebe leben,
heute wie gestern und morgen.

Dunkel waren die Jahre,
durch die wir gegangen sind,
wir haben uns langsam vorgetastet.
Wir waren uns unsicher,
in welche Zukunft wir gehen,
wir wussten nicht immer, wo es lang geht
und wo alles enden würde.

Wir waren skeptisch geworden,
wir trauten den Prognosen nicht,
zu oft waren wir enttäuscht worden,
am Ende blieb doch alles beim Alten.
Wir haben nach Halt gesucht,
nach Orientierung und einem Ziel.
Das Dunkel wird nicht auf immer
bleiben, war unsere Hoffnung.

Das Volk, das im Finstern wandelt,
sieht ein großes Licht, und über denen,
die da wohnen im finstern Lande,
scheint es hell.
Jesaja 9,1

Gottes Glanz bricht sich Bahn,
über uns zieht sein Licht auf,
die ganze Welt beginnt zu leuchten.
In seinem Schein erkennen wir
auch unseren Weg und unser Ziel.

Um uns herum hören wir,
wie die Menschen jubeln,
es geht ihnen nicht anders als uns.

Frieden soll sein in dieser Welt,
alle Waffen sollen vernichtet werden,
kein Kanonendonner soll mehr zu hören sein,
keine Bomben sollen mehr fallen
und keine Minen mehr explodieren.
Kein Mensch wird mehr
gegen den anderen die Hand erheben,
niemand muss mehr um sein Leben bangen.

Ein Kind ist unser Unterfand,
Gott schenkt uns seinen Sohn,
alle Macht übergibt er ihm.
Sie werden ihn Wunder-Rat nennen,
Gott-Held, Ewig-Vater, Friedefürst.
Er wird in diese Welt kommen,
um Gottes Reich aufzurichten.
Recht und Gerechtigkeit werden
von nun an herrschen,
Frieden wird sein für alle Völker.

Sein Licht ist über uns aufgegangen,
über uns leuchtet sein heller Schein.
Wir sind auf dem Weg,
Gott kommt und ist schon da.

Es ist erschienen die heilsame Gnade Gottes allen Menschen und nimmt uns in Zucht.
Titus 2,11

Wenn Gott kommt,
kann unser Leben nicht bleiben,
wie es ist.
Wenn Gott zu uns kommt,
dann werden auch wir
uns verändern müssen.

Gott kommt
und nimmt uns in die Pflicht.
Wir können nicht nur
vom Frieden träumen
und uns weiterhin
mit Macht und Gewalt
durchsetzen wollen.

Es sollen nicht nur
Waffen verschrottet werden,
es sollen nicht nur
Mauern eingerissen werden,
auch unsere Herzen
sollen sich verwandeln.

Frieden beginnt innen,
und wenn sich unsere Gedanken

nicht auf den Weg machen,
wird es keine Versöhnung geben.

Gott hat den Anfang gemacht,
ein wehrloses Kind hat er
in unsere Welt gegeben.
Er ist dieses Risiko eingegangen
und hat sich ganz ausgeliefert.

Frieden braucht dieses Risiko,
ohne diesen Mut kommen wir
keinen Schritt weiter.
Wir sind auf diesen Weg gesandt,
das ist unser Auftrag.

In dieser Nacht ergeht das Wort an uns,
Gott hat der Welt seinen Frieden gegeben.
Wir empfangen ihn, um ihn weiterzugeben.
Wir werden Rückschläge hinnehmen müssen;
wir werden scheitern und uns dann wieder
neu aufmachen müssen; bisweilen wohl
auch einmal von vorne anfangen müssen.
Aber wir werden nicht aufhören dürfen,
den Frieden dieser Nacht weiterzutragen.

Diese Welt braucht ihn.
Und wie kann es sonst anders
Frieden auf Erden werden?

Es begab sich aber ...
So beginnt die Geschichte,
die unvergleichlich ist
in der der Weltgeschichte.
Sie fängt ganz unscheinbar an
in einem Dorf am Rande der Welt,
fast vergessen von den Menschen.
Und doch ist es die Nahtstelle,
Afrika stößt hier an Asien,
und auch Europa berührt sich hier
mit beiden Kontinenten.
Die damals bekannte Welt
kommt an dieser Stelle zusammen.

Für die Mächtigen in Rom
ist es die entlegenste Provinz,
unwirtlich und unsicher,
unbequem und rätselhaft,
das Land und auch die Menschen.
Die Römer verstehen ihr Handwerk,
sie sind die Meister der Kriegsführung.
Sie beherrschen die Organisation,
jeder Befehl, selbst der nichtigste,
geht bis in die entlegenste Provinz.

Und wenn es dazu noch um Geld geht,
und Rom braucht immer Geld
für Paläste und Vergnügungsviertel,

für Brücken und Straßen,
für Waffen und Soldaten.

Die Provinz muss den Luxus finanzieren
und auch ihre eigne Besatzungsmacht.
So kam der Befehl des Kaisers
bis nach Bethlehem, so begab es sich,
dass dort jener Mensch zur Welt kam,
dessen Botschaft bis nach Rom gelangte.

Kein Palast, eine einfache Krippe,
kein Hofstatt, ein paar Hirten,
keine Waffen, aber das Zeichen des Friedens
für dieses Land und die ganze Welt.

Der Frieden wurde auch in Rom ausgerufen,
die Pax Romana galt dem ganzen Reich,
aber es war ein Frieden auf Kosten anderer,
ihn hatten die Unterdrückten zu tragen.

Ein paar Hirten, einige Dahergelaufene,
aber sie werden die ersten sein.
Sie werden die Botschaft weitertragen,
die von nun an durch die Welt geht.
Wo sie die Menschen erreicht,
geschieht das Wunder dieser Nacht,
dort kehrt Gott in unser Leben ein
und schenkt uns seinen Frieden.

Gott, unsere Wünsche bringen wir vor dich,
die Wünsche dieser Nacht, die Wünsche für eine glückliche Zukunft für uns und die ganze Welt.

Wir bitten dich für die Menschen
auf der Flucht, die in Notunterkünften
und Lagern leben müssen,
stehe ihnen bei und
schenke ihnen Hoffnung.

Wir bitten dich für die Verzagten
und Zweifler, die keine Ruhe finden
und ziellos herumirren,
stehe ihnen bei und
schenke ihnen Hoffnung.

Wir bitten dich für die Kranken
und Leidenden, denen die Schmerzen
allen Lebensmut rauben,
stehe ihnen bei und
schenke ihnen Hoffnung.

Wir bitten dich für die Familien
und Paare, die Streit und Unfrieden
entzweit haben,
stehe ihnen bei
und schenke ihnen Hoffnung.

Wir bitten dich für die Einsamen
und Verlassenen, die gerade in diesen Tagen
das Alleinsein besonders spüren,
stehe ihnen bei und
schenke ihnen Hoffnung.

Für alle Menschen, die uns nahe stehen,
bitten wir dich; für alle, die uns fern sind
und deren Schicksal uns nahe geht,
stehe ihnen bei und
schenke ihnen Hoffnung.

Für unsere ganze Welt
bitten wir dich,
schenke ihr den Frieden,
den sie so nötig braucht
und nach dem sie sich
so sehr sehnt.

Es war ein Zeichen der Weisheit,
das dem mächtigsten Mann des Orients
bei der feierlichen Inthronisierung
ein Hirtenstab in die Hand gegeben wurde.

So konnten es alle Untertanen sehen
und auch er selbst wurde daran erinnert,
er ist der Hirte seines Volkes, er hatte
die Armen und Schwachen zu schützen.

Der Pharao war der Hirte seines Volkes,
es war eine Ehrenbezeichnung, ein Auftrag.
Als Hirten galten die Mächtigen
in Ägypten wie im Zweistromland.

Israel behielt diesen Titel allein Gott vor.
Könige konnten zwar Hirten sein,
und anschaulich erzählt die Bibel
von dem Hirtenjungen David,
den Titel aber durfte nur Gott tragen.

Namen, Titel und Berufe verändern sich
und bisweilen erleben sie einen rapiden Verfall,
dem Hirtenberuf ist das in einem
besonders starken Maße widerfahren.

Zuletzt galten sie als unzuverlässig und unehrlich,
mit Verbrechern standen sie auf einer Stufe

und wurden so auch behandelt;
was sie sagten, zählte nicht;
kein Gericht hätte sie als Zeuge zugelassen,
niemand hat ihnen geglaubt.

Und ausgerechnet sie
werden zu Zeugen der wichtigsten
Botschaft dieser Welt,
ausgerechnet sie werden beauftragt,
davon der Welt zu erzählen.

Wenn Gott diese Welt verändern wird,
wen wundert es dann,
dass er schon von Anfang an
alles auf den Kopf stellt?

Wenn Gott mit der Welt
neu anfangen will,
wen wundert es dann,
dass er ganz unten beginnt?

Hirte wird auch dieses Kind sein,
es wird diesen Ehrentitel wieder tragen,
den Israel allein Gott vorbehalten hat.
Dieses Kind ist der König der Welt und
es wird sich der Schwachen annehmen,
es wird für die Unterdrückten eintreten
und es wird das Leben der Armen teilen.

Die Worte fielen ihm
fast wie von selbst zu.
Und die Pilger, die schon früh
aufgebrochen waren,
um zur Christmette zu kommen,
werden sich nicht wenig gewundert haben.
Der junge Mönch Laurentius saß an der Orgel
und spielte und sang.
Und zum ersten Mal erklang
jenes Weihnachtslied,
das seitdem zu jedem Christfest gehört.

Schnee war in dieser Nacht gefallen
und lag dicht über dem Land.
Laurentius war Pförtner in dem Kloster,
das sich unweit von Trier
über dem Moseltal befand.
Er schaut nach den Pilgern aus,
geht in der Klosteranlage herum,
bis er verwundert stehen bleibt.
Am Rosenstock des verschneiten Brunnens
entdeckt er einen frischen Trieb.
Er bricht ihn geschwind ab
und legt ihn vor das Marienbild des Altars.

»Es wird ein Reis hervorgehen
aus dem Stamm Isais ...«
So wird es gleich gelesen werden,
nein, so wird es gleich gesungen werden.
Laurentius ist so erfüllt
von dem Wunder dieser Nacht,
dass die Worte leicht ihren Weg finden.
Die Prophezeiung des Jesaja nimmt er auf
und aus dem Reis wird die Rose,
die inmitten der Nacht im kalten Winter
aufgegangen ist.
Er singt von Maria, der Magd,
und von dem Kind,
das allein uns selig macht.

Die Pilger werden sich gewundert haben
über die Rose am Marienaltar, über dieses Lied,
das sie noch nie zuvor gehört hatten.
Sie werden mit einstimmen und der Klang
wird über das Land gehen
und wird die Zeit erfüllen.

Es ist ein Ros entsprungen aus einer Wurzel zart,
wie uns die Alten sungen, von Jesse kam die Art.

PERSONEN: Vater, Mutter, Thomas, Petra, Josef, Maria, vier Hirten, Radiostimme

REQUISITEN: Tisch, weiße Tischdecke, eingepackte Geschenke, Kerze, Bibel, Flöte, Handtuch, Mantel und Gewänder für die biblischen Personen

(Vor dem Weihnachtsbaum steht ein einfacher Tisch. Die Mutter tritt auf, in der Hand hat sie ein zusammengefaltetes Tischtuch. Sorgfältig faltet sie es auf und legt es auf den Tisch. Liebevolt streicht sie die Decke glatt. Dann ruft sie nach hinten:)

MUTTER: Kinder, beeilt euch! Es ist schon spät! (aus dem Hintergrund)

THOMAS: Ich bin gleich so weit! Nur noch das eine Geschenk. Petra kommt auch gleich.

MUTTER: Schon wieder ist Weihnachten! Dass die Zeit immer so schnell vergehen muss. (Schaut auf die Uhr.) Nun wird es aber wirklich Zeit!

(Thomas kommt mit drei eingepackten Geschenken an den Tisch.)

MUTTER: Da, und dort Thomas, und da Vater und ich.

THOMAS: Und was kriegen wir? Krieg ich denn endlich in diesem Jahr den Spiele-Computer?

PETRA: Wenn Thomas den Computer kriegt, dann kriege ich aber auch einen neuen CD-Player. Der alte quietscht so schrecklich. Das kann man sich nicht mehr anhören. Oh, Mama, bitte!

MUTTER: Kinder, in diesem Jahr sieht es wirklich nicht

gut aus. Ich denke, das wisst ihr selbst. Vater hat Kurzarbeit machen müssen und außerdem ist in diesem Jahr das Weihnachtsgeld gestrichen worden.

PETRA: Aber du hast doch auch gearbeitet!

MUTTER So viel war das nicht wie in den Vorjahren. Im Geschäft ist nicht mehr so viel zu tun. Da schaffen sie das meistens zu zweit. Nur am Samstag die paar Stunden. Aber trotzdem, wir können noch ganz zufrieden sein. Es hätte uns noch schlimmer treffen können.

THOMAS: Aber darunter müssen wir doch nicht leiden!

MUTTER: *(etwas ärgerlich)* Thomas, nun sei aber nicht unvernünftig. Und außerdem, ein paar Geschenke gibt es für jeden. Und die Geschenke sind ja nun wirklich nicht das Wichtigste an Weihnachten.

PETRA: Du, Mutti, wir haben gestern noch eine Mathearbeit geschrieben. So kurz vor Weihnachten. Das finde ich echt gemein, jetzt denke ich die ganze Zeit an diese blöde Arbeit.

THOMAS: Selbst Schuld! Hättste vorher eben mehr tun sollen!

PETRA: Ich hab genug getan! Und sei du nicht immer so gemein zu mir.

MUTTER: Kinder, es ist Heilig Abend. Seid heute wenigstens nett zueinander. *(Mutter stellt eine Kerze in die Mitte des Tisches. Nach einer kurzen Pause:)* Ich glaube Vater kommt.

THOMAS: Oh, dann geht's gleich los. *(reibt sich die Hände)* Ich find's spannend.

(Vater kommt rein. Er sieht ziemlich geschafft aus.)

VATER: Das mach ich nie mehr. Als ginge morgen die Welt unter. Kein Parkplatz war zu bekommen. Alles voll! Beim Kaufhaus, an der Sparkasse, zuletzt habe ich an der Schule einen Parkplatz ganz hinten bekommen. Und in den Geschäften! Gar nicht zu beschreiben. Und da heißt es immer: Uns geht es schlecht. So ein Rummel! Was bin ich froh, wieder zu Hause zu sein. So, jetzt mach ich mich erst einmal fertig und dann geht's an die Bescherung. *(Vater geht ab.)*

THOMAS: Im Radio gibt es jetzt die Sendung „Wir warten aufs Christkind". Darf ich die anmachen?

MUTTER: Gut, aber nur für ein paar Minuten.

RADIO: An vielen Orten überall in Deutschland versammeln sich nun die Menschen zur Christvesper. Sie singen die alten vertrauten Weihnachtslieder. Wie zum Beispiel „Vom Himmel hoch da komm ich her".

LIED: Vom Himmel hoch da komm ich her

(Die Familie hat sich um den Tisch versammelt. Die Mutter zündet die Kerze an. Dann nimmt sie die Bibel in die Hand und blättert darin.)

THOMAS: Aber doch nicht die Weihnachtsgeschichte! Die kennen wir doch schon und ich freue mich doch schon so sehr auf meine Geschenke.

PETRA: Wir hören sie doch immer in der Kirche.

MUTTER: Ihr müsst euch schon noch ein Weilchen gedulden. Die Weihnachtsgeschichte gehört für mich zum Heiligen Abend dazu. Früher hat sie meine Mutter vorgelesen und nun lese ich sie.

PETRA: Na gut.

THOMAS: Aber ganz schnell bitte!

MUTTER: *(mit feierlicher Stimme:)* Es begab sich aber zu der Zeit, dass ein Gebot von dem Kaiser Augustus ausging, dass alle Welt geschätzt würde. Und diese Schätzung war die allererste und geschah zur Zeit, da Quirinius Statthalter in Syrien war. Und jedermann ging, dass er sich schätzen ließe, ein jeder in seine Stadt. Da machte sich auf auch Josef aus Galiläa, aus der Stadt Nazareth, in das jüdische Land zur Stadt Davids, die da heißt Bethlehem, weil er aus dem Hause und Geschlechte Davids war, damit er sich schätzen ließe mit Maria, seinem vertrauten Weibe, die war schwanger.

(Es klopft an der Tür. Die Mutter hält inne und sieht auf. Der Vater zuckt die Schultern und guckt fragend: Wer könnte das sein ?)

VATER: Ich sehe mal nach. *(Vater geht ab.)*

THOMAS: Oh Mann, doch jetzt nicht noch Besuch!

(Ein Mann mit einem alten Mantel und eine einfach gekleidet Frau kommen herein.)

JOSEF: Entschuldigen Sie die Störung, aber wir sind auf der Durchreise. Können wir einen Moment bei ihnen bleiben? Meiner Frau geht es nicht gut. Die lange Reise war zu anstrengend für sie.

MARIA: Ach, es geht schon. Aber etwas Wärme, und wenn ich mich hinsetzen könnte - wirklich nur für einen Moment - das wäre schon gütig von ihnen. Wir wollen auch nicht lange bleiben.

MUTTER: Mutter: Hier, nehmen sie meinen Stuhl ... auf der Durchreise sind sie?

JOSEF: Ja, haben Sie das nicht gehört? Wir müssen uns melden! Sie wissen doch, was auf den Straßen los ist.

VATER: Sie müssen sich melden? Wo denn?

MARIA: Ein jeder in seiner Stadt.

MUTTER: *(wiederholt nachdenklich:)* Ein jeder in seiner Stadt.

MARIA: Ja, so ist es. Und seitdem sind wir unterwegs. Ach, es sind schon so viele Jahre. Ich bin schon ganz müde.

JOSEF: Mehr Steuern wollen die haben, die da oben. Und wir kleinen Leute, wir sollen immer alles aufbringen. Aber ich will nicht klagen. Hauptsache dem Kind geht es gut.

MUTTER: Welchem Kind?

MARIA: Ich bin schwanger.

MUTTER: Mein Gott! Da können Sie doch nicht in dieser Kälte ... und dieser lange Weg ... nicht auszudenken! Wie lange sind Sie schon unterwegs?

JOSEF: Es sind schon fast 2000 Jahre.

VATER: *(schluckt)* 2000 Jahre! Und wann sind sie da?

JOSEF: Wenn die Menschen uns aufnehmen. Wenn sie uns ihr Herz öffnen, dann sind wir am Ziel.

MUTTER: Bleibt bei uns diesen Abend und auch die

Nacht über. Es wird sich schon etwas finden. Morgen werden wir dann weitersehen.

PETRA: (hält eine Flöte in der Hand) Mutti, wir können den beiden doch etwas vorspielen.

MUTTER: Mutter: Das ist eine gute Idee. Habt ihr auch schon einen Vorschlag?

PETRA: »Stern über Bethlehem«, das habe ich gestern noch geübt. Ich glaube das wird den beiden gefallen.

FLÖTEN: Stern über Bethlehem

(Am Tisch sitzt nur noch der Vater mit den beiden Kindern. Die Mutter kommt mit einem Handtuch in den Raum.)

MUTTER: Kinder, ist das aufregend! Und das alles am Heiligen Abend.

VATER: Und was ist es? Ein Mädchen oder ein Junge?

MUTTER: Ein Junge. Und er soll Jesus heißen!

PETRA: *(ungläubig)* Jesus? Wie der Jesus in ...

THOMAS: *(ebenso ungläubig)* ... in der Bibel? *(nach einer kurzen Pause:)* Mama, lies bitte die Weihnachtsgeschichte weiter. Bitte!

MUTTER: *(Nimmt die Bibel in die Hand und schlägt die Weihnachtsgeschichte auf.)* Und als sie dort waren, kam die Zeit, dass sie gebären sollte. Und sie gebar ihren ersten Sohn und wickelte ihn in Windeln und legte ihn in eine Krippe, denn sie hatten sonst keinen Raum in der Herberge.

VATER: „Und als sie dort waren." Versteht ihr? Sie wollten zu uns. Seit 2000 Jahren sind sie unterwegs, sie haben den langen Weg auf sich genommen, um zu uns zu kommen!

THOMAS: Das kann doch gar nicht sein! Hier ist doch nicht Bethlehem!

PETRA: Vielleicht doch, vielleicht ist gerade hier in unserem Ort, vielleicht ist gerade hier bei uns Bethlehem.

MUTTER: *(liest weiter:)* Und es waren Hirten in derselben Gegend auf dem Felde bei den Herden, die hüteten des Nachts ihre Herde.

THOMAS: Jetzt fehlen uns nur noch die Hirten!

(Es klopft wieder. Dann kommen vier Männer herein.)

VATER: Wir haben sie erwartet.

1. HIRTE: Das geht uns nicht überall so. Eher ist das Gegenteil der Fall.

2. HIRTE: Unser Leben ist hart und auf den Feldern ist es kalt.

3. HIRTE: Dann rücken wir zusammen und träumen. Wir sehen die Lichter im Dorf und denken: Die haben's gut. Die haben's warm.

4. HIRTE: Junge, merke dir eins: Werde nicht Hirte! Ich hab's mir auch nicht ausgesucht. Mein Vater war Hirte, mein Großvater war Hirte und rate mal, was mein Sohn werden wird, wenn er so weit ist.

THOMAS: *(fragend)* Auch Hirte?

1. HIRTE: Es stimmt nicht ganz, was er gesagt hat. Manchmal ist es auch schön, Hirte zu sein. Wir haben es schwer, das stimmt, aber wir sind auch frei.

Und wenn ich mit meinen Schafen über das Land ziehe, dann will ich mit niemandem tauschen! Das sollst du auch wissen.

THOMAS: Ich will mir das noch einmal überlegen. Neugierig habt ihr mich schon gemacht.

4. HIRTE: Überleg es dir gut!

2. HIRTE: Aber wir müssen jetzt weiter. Wir suchen nämlich ein Kind.

3. HIRTE: Das ist schon eine merkwürdige Geschichte.

VATER: Merkwürdig ist heute Abend alles.

2. HIRTE: Ein Kind soll heute Abend geboren sein, ein besonderes Kind.

4. HIRTE: Mit diesem Kind soll eine neue Zeit beginnen. Es soll alles gut werden, so habe ich das verstanden.

3. HIRTE: Es soll unser Heiland sein, unser Herr, unser Christus.

MUTTER: *(liest wieder)* Und der Engel des Herrn trat zu ihnen, und die Klarheit des Herrn leuchtete um sie; und sie fürchteten sich sehr. Und der Engel sprach zu ihnen: Fürchtet euch nicht! Siehe ich verkündige euch große Freude, die allem Volk widerfahren wird; denn euch ist heute der Heiland geboren, welcher ist Christus, der Herr, in der Stadt Davids. Und das habt zum Zeichen: ihr werdet finden das Kind in Windeln gewickelt und in einer Krippe liegen. Und alsbald waren da bei dem Engel die Menge der himmlischen Heerscharen, die lobten Gott und sprachen: Ehre sei Gott in der Höhe und Friede auf Erden und den Menschen ein Wohlgefallen.

1. HIRTE: Genauso war es! Genauso haben wir es da draußen erlebt.

3. HIRTE: Hab ich doch gesagt: ein Engel war das. Aber mir glaubt ja keiner.

4. HIRTE: Woher sollen wir auch wissen, dass es ein Engel war. Weißt du denn, wie ein Engel aussieht? Ein Mann in einem weißen Gewand. Das war alles.

2. HIRTE: Es war ein Engel. Das ist die Hauptsache. Und jetzt streitet euch nicht.

1. HIRTE: Nein, die Hauptsache ist das Kind. Da wollen wir doch hin. Habt ihr das wieder vergessen?

MUTTER: Und als die Engel von ihnen gen Himmel fuhren, sprachen die Hirten untereinander: Lasst uns gehen nach Bethlehem und die Geschichte sehen, die da geschehen ist, die uns der Herr kundgetan hat.

LIED: Mit den Hirten will ich gehen
(um den Tisch sitzen die Familie, die Hirten, Josef und Maria, das Kind - angedeutet - liegt auf dem Tisch, Petra hält die Kerze in der Hand)

MUTTER: Und sie kamen eilend und fanden beide, Maria und Josef, dazu das Kind in der Krippe liegen.

HIRTE 1: Wir sind am Ziel.

HIRTE 2: *(zeigt auf das Kind)* Dieses Kind wird die Welt verändern.

HIRTE 3: Es wird Licht und Liebe in unsere kalte und dunkle Welt bringen.

HIRTE 4: Es wird wieder Hoffnung geben für uns und alle Menschen.

HIRTE 1: Es sagt uns, dass Gott es gut mit uns meint.

HIRTE 3: Gott hat uns nicht vergessen.

HIRTE 4: Nein, ganz bestimmt nicht. Und daran werden die Menschen noch in 2000 Jahren denken.

VATER: Ja, auch noch 2000 Jahre später werden die Menschen die Geburt dieses Kindes feiern.

PETRA: Schaut doch, wie das Kind lacht.

THOMAS: Jetzt verstehe ich es wirklich. Die Geschenke sind nicht das Wichtigste.

MUTTER: Na, siehst du!

THOMAS: Dieses Kind ist das Geschenk und ein schöneres Geschenk kann es nicht geben.

MUTTER: *(während die Mutter liest gehen zuerst die Hirten, dann Josef und Maria mit dem Kind)* Und die Hirten kehrten wieder um, priesen und lobten Gott für alles, was sie gehört und gesehen hatten, wie denn zu ihnen gesagt war.

THOMAS: *(reibt sich die Augen)* Habe ich das alles geträumt? Wo sind die Hirten, und der Mann mit der Frau und dem Kind?

MUTTER: Nein, du hast nicht geträumt. Sie waren wirklich hier. Hier in unserem Haus, mitten unter uns.

PETRA: Sie wollten doch bis morgen bleiben.

VATER: Sie werden auch bleiben, nicht nur bis morgen. Sie werden immer bei uns sein, wenn sie nur ihr Ziel erreicht haben.

MUTTER: Ja, wenn sie in unserem Leben angekommen sind.

Christnacht

Dies ist die Nacht, da mir erschienen des großen Gottes Freundlichkeit

In der Armut einer Krippe
kam Gott zu uns und ging unseren Weg.
Er führt uns zum Licht,
in diesen Tagen und immer wieder.

Der Gottesdienst in der Christnacht findet immer größeren Zuspruch. In der Regel hat er meditativen Charakter, er lädt zur stillen Besinnung auf das Geschehen der Heiligen Nacht ein. Die Geschäftigkeit, die mit dem Heiligen Abend verbunden ist, hat sich aufgelöst. Die Gedanken kommen zur Ruhe.

In früher Zeit wurde die Christnacht als ein Vigilgottesdienst begangen, der die ganze Nacht hindurch gefeiert wurde. Die Gemeinde ist den Weg der Heilsgeschichte abgeschritten, der bis zum Höhepunkt, dem Kommen des Messias in der Geburt Jesu Christi, führt. Dabei weisen die Verheißungen der Propheten den Weg, die in dieser Nacht ihr Ziel und ihre Erfüllung finden. Im Mittelpunkt steht darum auch das Matthäusevangelium, das in seiner Chronologie den Heilsweg von Abraham bis zu Jesus beschreibt.

Josef tritt in den biblischen Erzählungen in den Hintergrund. Verglichen mit Zacharias, dem Vater des Johannes, ist er blass und unauffällig. Er ist der Beschützer der Familie, er wacht über das Geschehen in dieser Nacht. Das Symbol des Sterns verbindet die prophetische Weissagung mit der Geburt des Kindes und weist damit über die Zeit hinaus. Zu Epiphanias wird Gott der Menschheit offenbaren, dass dieses Kind der König der Welt ist.

Eingangsmeditation

Dies ist die Nacht, da mir erschienen (EG 40)

Psalm 2
Weissagungen und Gebet

O Bethlehm, du kleine Stadt (EG 55)

Alttestamentliche Lesung:	Jesaja 7,10-14
Epistellesung:	Römer 1,1-7

Lobt Gott, ihr Christen alle gleich (EG 27)

Evangeliumslesung:	Matthäus 1,1-25

Predigt

Ich steh an deiner Krippen hier (EG 37)

Fürbittengebet

Fröhlich soll mein Herze springen (EG 36)

Person:	Josef
Symbol:	Stern

Stille breitet sich aus
über dieser Nacht,
nach all der Unruhe
dieses Tages,
der eifrigen Geschäftigkeit,
können wir loslassen
und uns ganz
unseren Gedanken hingeben.

Uns geht es nicht anders
als den Hirten,
die von ihren Herden kamen.
Sie konnten nicht fassen,
was sie sahen;
sie konnten begreifen,
was sie gehört haben.

Sollte es sein,
dass Gott wirklich
in unsere Welt kommt?
Sollte es sein,
dass er uns nicht
dem Schicksal überlässt?
Kann es sein,
dass er in diesem Kind
zur Welt kommt,
in diesem hilf- und
wehrlosen Kind?

Wir sehen in diesem Kind
das Schicksal all der vielen Kinder
auf der Flucht damals wie heute,
für die es auf dieser Erde
keinen Platz gab und gibt,
die von Anfang an
auf die Schattenseite gehören.

In diese Nacht kommt Gott
und lässt es nicht bei diesem Dunkel.
Er stellt sich auf die Seite
all dieser Kinder und wird ihnen gleich.

Von ganz unten beginnt Gott,
in dem Dunkel dieser Nacht
zündet er sein Licht an
und in seinem Schein
erkennen wir die Gesichter
der Hirten, die gekommen sind,
der Männer und Frau aus dem Dorf,
all der Menschen durch die Jahrhunderte,
die vor diesem Kind knien.

In dem Licht dieses Kindes
erkennen wir auch uns selbst.
Wer sind wir,
die wir auf dem Weg durch diese Nacht
diesem Kind begegnen?

Die Völker murren,
sie proben den Aufstand.
Die Mächtigen fürchten
um ihre Macht,
die Diktaturen erzittern.

Es wird ihnen nichts nützen,
die Würfel sind längst gefallen.
Was werden sie gegen Gott
ausrichten können?
Sie werden sich nur
lächerlich machen.

Die Mächtigen kommen zusammen
und beraten sich miteinander.
Sie lehnen sich gegen Gott auf
und planen, den Gesalbten
zu Fall zu bringen.

Wie nichtig ist ihre Macht,
wie gering ist, was sie ausrichten können.
Auf Erden können sie Angst
und Schrecken verbreiten,
aber vor Gott müssen sie vergehen.

Die Völker sollen es hören,
alle Welt soll seine Botschaft vernehmen.
Heute hat Gott seinen König eingesetzt,

von Zion aus wird er
über alle Reiche herrschen.
So sagt Gott selbst zu ihm:

Du bist mein Sohn,
heute habe ich dich gezeugt.
Bitte mich, so will ich dir
Völker zum Erben geben und
der Welt Enden zum Eigentum.
Psalm 2,7.8

Alle Macht wird ihm gegeben sein,
er kann Reiche zerschlagen
und sie in den Staub werfen.
Darum sind alle gewarnt:
Die Herrschenden sollen
vernünftig sein und einlenken,
sie werden sonst nicht bestehen.

Alle Völker sind aufgerufen,
sich vor ihm zu beugen
und ihm zu dienen.
Gott hat seinen König zu uns gesandt,
in dieser Nacht hat er ihn eingesetzt;
er wird diese Welt mit Macht regieren,
mit der Macht der Liebe Gottes.
Gut sind die dran, die ihm vertrauen.

In dieser Nacht hat sich erfüllt,
wonach sich Menschen
seit Jahrhunderten gesehnt haben.
Sie haben die Hoffnung weitergetragen,
die Worte der Propheten wiederholt,
sie in ihre Zeit hineingeholt.
Was jene zu ihrem Volk sagten,
haben sie als ihre Verheißung gehört.

Die Weissagungen der Propheten
haben spätere auf dieses Kind bezogen,
das da ganz unscheinbar zur Welt kam.
Und obwohl es so alltäglich
und gewöhnlich zuging,
musste es der erwartete Messias sein.
Die Propheten Israels stehen
mit an der Krippe und erinnern daran,
was von diesem Kind gesagt worden ist.

Das Nordreich Israel wird
von Feinden bedroht,
das Volk hat sich immer mehr
von Gott angewandt.
Der Gottesdienst ist
zur Farce geworden,
die Mächtigen setzen sich
brutal gegen die Armen durch.
Micha sagt Gericht an

über Israel und Juda,
er fordert Umkehr,
sonst werden die Feinde
das Land einnehmen.

Aber Gottes Strafe
wird nicht auf ewig sein,
eines Tages wird geschehen,
was Micha seinem Volk verheißt,
Gott wird den Messias senden.
Der Prophet kündet sein Kommen an:

Und du, Bethlehem Efrata,
die du klein bist unter den Städten in Juda,
aus dir soll mir der kommen,
der in Israel Herr sei,
dessen Ausgang von Anfang und
von Ewigkeit her gewesen ist.
Micha 5,1

Die Feinde kamen
und nahmen Israel ein.
Das Reich im Süden, Juda,
kam mit dem Schrecken davon.
Es wähnte sich in Sicherheit,
Gott werde es nicht zulassen,
dass Jerusalem und der Tempel
jemals zerstört würden.

Sie bleiben wie sie sind,
die Mächtigen beuten die Armen aus,
die Propheten werden verspottet
und die Priester leiern weiter
ihre Gottesdienste herunter.

Gott beruft Jesaja,
um sein Volk zur Umkehr zu rufen.
Aber sie wollen nicht hören,
was er sagt; sie übertönen ihn.
Sie glauben nicht an das Strafgericht,
sie lassen sich viel lieber
von ihren Priestern in Sicherheit wiegen.

Jesaja sieht das Ende kommen,
auch Juda wird fallen,
Jerusalem wird zerstört werden.
Der Tempel wird dem Erdboden
gleich gemacht werden.
Gott hat die Axt schon
an den Stamm gelegt,
Juda ist nicht mehr zu retten.

Eines Tages aber wird aus der Wurzel
ein neuer Trieb hervorkommen,
Gott wird sein Volk nicht vergessen.
Es werden wohl Jahrhunderte vergehen, aber
die Worte Jesajas werden in Erinnerung bleiben.

Und es wird ein Reis hervorgehen
aus dem Stamm Isais
und ein Zweig aus seiner Wurzel
Frucht bringen.
Auf ihm wird ruhen der Geist des HERRN,
der Geist der Weisheit und des Verstandes,
der Geist des Rates und der Stärke,
der Geist der Erkenntnis
und der Furcht des HERRN.
Jesaja 11,1.2

Es kommt wie Jesaja
verkündigt hat, auch Juda
wird von Krieg überzogen.
Jeremia ruft zur Buße,
König und Volk sollen umkehren,
nur wer Gott vertraut, wird leben.
Der Prophet zittert am ganzen Leib,
so leidet er mit seinem Volk;
das kommende Gericht
erschüttert ihn in Mark und Bein.

Aber auch ihn will das Volk nicht hören,
es versucht ihn mundtot zu machen.
Und als das nicht gelingt,
versuchen sie, ihn zu töten.
Jeremia aber überlebt und schweigt nicht,
wenn Gott redet, kann er nicht stumm bleiben.

Das Volk aber hört nicht auf ihn
und Jeremia muss selbst erleben,
was er angekündigt hat.
Das Land wird verwüstet,
Jerusalem wird zerstört,
selbst der Tempel
wird nicht verschont.

Aber es wird einen Tag geben,
da wird Gott mit Israel
einen neuen Bund schließen.
Eines Tages wird es
einen gerechten König geben.
Ihn kündigt Jeremia an:

Siehe, es kommt die Zeit,
spricht der HERR,
dass ich dem David einen
gerechten Spross erwecken will.
Der soll ein König sein,
der wohl regieren und Recht
und Gerechtigkeit im Lande üben wird.
Zu seiner Zeit soll Juda geholfen werden
und Israel sicher wohnen.
Und dies wird sein Name sein,
mit dem man ihn nennen wird:
»Der HERR unsere Gerechtigkeit«
Jeremia 23,5.6

Gebet

Gott, du bist
in unsere Welt gekommen,
du hast unser Dunkel erhellt,
lass uns das Licht dieser Nacht
in unser Leben hineinnehmen
und lass uns deinem Sohn folgen.

Immanuel - das ist das Zeichen.
Gott mit uns - das ist uns verheißen.

Juda fehlt der Glaube,
sie haben alles Vertrauen verloren,
in welche Zukunft werden sie gehen?
Die Feinde rücken immer näher heran,
wird Jerusalem bestehen können,
was wird aus dem Land werden,
wer wird überleben können?

Immanuel - das ist das Zeichen.
Gott mit uns - das ist uns verheißen.

Wir sorgen uns um die Zukunft der Welt,
wir fürchten die Naturkatastrophen,
wir haben Angst vor Epidemien und Seuchen,
wie viel Gefahren stehen uns bevor?
Unser Planet ist ein Spielball
der Mächte und Gewalten.

Immanuel - das ist das Zeichen.
Gott mit uns - das ist uns verheißen.

Wir betreiben ein gefährliches Spiel,
wir scheren uns nicht um die Folgen
unseres Handelns, wir beschwichtigen
und wiegen uns in Sicherheit.

Das Ozonloch weitet sich immer mehr,
Land, Erde und Wasser werden vernichtet,
wer kann in Zukunft noch hier leben?

Immanuel - das ist das Zeichen.
Gott mit uns - das ist uns verheißen.

Die Reichen leben auf Kosten der Armen,
der Norden beutet den Süden aus.
Wie lange werden sie sich
das noch bieten lassen,
wann werden die Armen aufstehen,
wann wird diese Welt aus den Fugen geraten?

Immanuel - das ist das Zeichen.
Gott mit uns - das ist uns verheißen.

Jesaja kündigt die Geburt eines Kindes an,
eine Jungfrau wird einen Sohn gebären
sein Name wird Immanuel sein,
das heißt: Gott mit uns.

Wer diesem Kind glaubt, wird gerettet werden;
wer ihm folgt, wird diese Welt verändern;
wer auf ihn hofft, dem wird die Zukunft gehören.
Gott mit uns - das ist uns verheißen.

Seinen Namen tragen wir,
berufen worden sind wir von ihm,
verbunden sind wir mit ihm
und seinem Geschick.

Aus dem Stamme Davids stammt er,
seine Ahnenreihe geht bis auf ihn zurück.
Aus dem Geschlechte Davids wurde
in Israel der Messias erwartet.

Am Ende dieser lange Kette
von Generation zu Generation
steht Jesus von Nazareth
als Erfüllung der Verheißungen.

Er kam zur Welt wie alle Menschen,
ein Ereignis wie Millionen anderer auch,
und doch wird mit seiner Geburt
alles Leben auf dieser Erde verändert.

Gott erklärt dieses Kind
zu seinem Sohn,
in ihm will er gegenwärtig sein
unter den Menschen.

Vielleicht war es doch nur ein Kind
wie Millionen andere auch.
Womöglich war auch dieser Mann aus Nazareth

nur einer von unzähligen Wanderpredigern,
was unterscheidet ihn von all den anderen?
Was gibt Paulus diese Gewissheit,
dass er sich auf Jesus Christus beruft?

Der Grund liegt in der schlichten Tatsache,
dass dieser ihn berufen hat.
Paulus wäre niemals zum Apostel geworden,
wenn der Auferstandene ihm nicht begegnet wäre.

Geboren aus dem Geschlechte Davids
nach dem Fleische,
eingesetzt als Sohn Gottes nach dem Geiste
durch die Auferstehung von den Toten.
Römer 1,3.4

Beides zugleich,
untrennbar miteinander verbunden,
wahrer Gott und wahrer Mensch,
das Kind im Stall und der Heiland der Welt,
der Mann am Kreuz und der Auferstandene.

Er beruft auch uns
und sendet uns,
das Licht in diese Welt
hineinzutragen,
das über uns in dieser Nacht
aufgegangen ist.

Abraham zeugte Isaak, Isaak zeugte Jakob,
Jakob zeugte Juda und seine Brüder ...
Matthäus 1,1

Vierzehn Glieder zählt
die Genealogie des Matthäus
von Abraham bis zu David,
vom Vater des Glaubens
bis zum König der Könige.
Sie alle finden sich
in der langen Kette der Ahnen.

Rahab wird genannt, eine Dirne,
die israelische Kundschafter aufnahm.
Und auch Ruth, eine Moabiterin,
die dem Gott Israels vertraute.
Ihr Enkel ist Isai, aus seiner Wurzel
soll der Messias hervorgehen.

Vierzehn Glieder zählt Matthäus
von David bis zur babylonischen
Gefangenschaft Israels,
von der Blüte bis zum Untergang
des Gottesvolkes.

Batseba wird genannt, die David
seinem treuen Feldherrn nimmt,
und somit auch schuldig wird gegenüber Gott.

Auf David folgt Salomo, der den Tempel errichtet,
König reiht sich an König bis zuletzt mit Jojachin
das Exil für Juda beginnt.

Vierzehn Glieder zählt Matthäus
vom babylonischen Exil bis zu Christus.
Gott befreit sein Volk und führt es zurück,
Jerusalem entsteht neu und auch der Tempel.

Dreimal sieben Generationen
zählte man von Adam bis Abraham,
und sechsmal sieben zählt Matthäus
von Abraham bis Jesus Christus.
Der Geschichte von Sünde und Schuld
folgt die doppelt so lange Heilsgeschichte,
die in Christus ihr Ziel findet.

Am Ende der langen Ahnenreihe,
am Ziel der Verheißungen,
da heißt es ganz knapp bei Matthäus:
Maria gebar einen Sohn
und nannte ihn Jesus.

Was all den Erzvätern und Königen
versprochen wurde, was die Propheten
verkündigten, geschah in dieser Nacht,
hat sich mit der Geburt des Kindes erfüllt.

Gott, unsere Wünsche bringen wir vor dich,
die Wünsche dieser Nacht,
die Wünsche für eine glückliche Zukunft
für uns und die ganze Welt.

Wir bitten dich für die Menschen,
die an den Rand unserer Gesellschaft
gedrängt wurden:
Gott, sei ihnen nahe
und nimm dich ihrer an.

Wir bitten dich für die Menschen,
die das Vertrauen zu sich
und anderen verloren haben:
Gott, sei ihnen nahe
und nimm dich ihrer an.

Wir bitten dich für die Menschen,
die an der Schuld leiden,
die sie auf sich geladen haben:
Gott, sei ihnen nahe
und nimm dich ihrer an.

Wir bitten dich für die Menschen,
die das Gefühl haben,
in dieser Welt nicht mehr zu zählen:
Gott, sei ihnen nahe
und nimm dich ihrer an.

Wir bitten dich für die Menschen,
die auf den Straßen herumirren
ohne Ziel und Zuhause:
Gott, sei ihnen nahe
und nimm dich ihrer an.

Wir bitten dich für die Menschen,
die Krankheit und Leiden
einsam gemacht haben:
Gott, sei ihnen nahe
und nimm dich ihrer an.

Für die Kinder in dieser Welt,
die verfolgt und ausgebeutet werden,
die ohne Familie sind und auf der Straße leben:
Gott, sei ihnen nahe
und nimm dich ihrer an.

Für alle Menschen, die uns nahe stehen,
bitten wir dich,
für alle, die uns fern sind und
deren Schicksal uns bewegt,
bitten wir dich:
Gott, sei ihnen nahe
und nimm dich ihrer an.

Die Tradition hat ihm das Antlitz
eines alten Mannes gegeben,
er steht im Hintergrund, er wacht,
er beschützt die Frau und das Kind.
Er sieht schweigend zu,
von Anfang muss es ihm
seltsam vorgekommen sein.

Josef hatte vor, Maria zu verlassen,
er konnte sich keinen Reim
auf diese Geburt machen.
Sie wird ihm von diesem Engel
erzählt haben, es muss ihm
wunderlich vorgekommen sein.

Und er hätte sie auch verlassen,
wäre da nicht dieser Traum gewesen.
War es wirklich Gott gewesen,
der da zu ihm sprach?
Er hatte davon gehört und gelesen,
aber dass ihm das widerfuhr?

Er war Handwerker und war es gewohnt,
nüchtern zu denken und zu planen.
Er hatte sich schon die Zukunft ausgemalt,
ein ganz normales Kind, darauf hat er gehofft.
Es würde Handwerker werden wie er,
würde die Werkstatt eines Tages weiterführen.

Er verstand seine Frau nicht,
Spinnereien waren das für ihn, oder?
Er zögert. Und wenn es doch wahr wäre,
wenn Gott tatsächlich sie ausgewählt hatte?
Würde das nicht alles auf den Kopf stellen,
seine Pläne und die der Welt?
Könnte dann noch alles bleiben wie es ist?

Sollte er seiner Frau misstrauen?
Josef schweigt und wartet ab,
er bleibt im Hintergrund.
Seine Frau und das Kind
führt er nach Bethlehem.
Er wird mit ihnen auch fliehen
und sie sicher wieder zurückbringen.

Und dann wird er wieder
mit seiner Arbeit beginnen,
wird das Kind heranwachsen sehen,
wird es unterrichten und wird
aus ihm einen Zimmermann machen.

Wird er noch erleben, wie sein Sohn als
Wanderprediger durch das Land ziehen wird?
Wird er ihn verstehen?
Die Evangelien sagen nichts darüber,
sie lassen ihn schweigen, er bleibt still
wie in dieser Nacht und wundert sich.

»Er ist unter einem guten Stern geboren«,
sagt man von Glückskindern,
denen alles gelingt, die auf
der Sonnenseite des Lebens stehen,
deren Stern stetig steigt.

Jesus soll im Zeichen eines besonders
großen Sterns geboren worden sein.
Die Gelehrten streiten noch,
ob es der immer wiederkehrende
Halleysche Komet war oder nicht doch
eine besondere Planetenkonstellation
von Jupiter und Saturn, deren Licht
am Firmament zu einem riesigen Lichtkörper
zusammengeschmolzen war.
Wie auch immer: der Stern von Bethlehem
ist Zeichen der Zeit von Advent bis Epiphanias.

Sterne allerorten: in kräftigem Gelb,
fünfzackig, achtzackig, vielzackig,
aus Papier und Zelluloid, aus Glas und Messing
ausgeschnitten aus Goldfolie und
ausgestochen aus Lebkuchenteig -
Stern, auf den ich schaue.

Manche greifen nach den Sternen,
nicht nur nach diesem.
Manche deuten die Sterne,

Sternenkunde und Sternendeutung
sind so alt wie das Menschengeschlecht.
Für sie breitet sich am Firmament
das Buch der Zukunft aus.
Die Gabe, daraus zu lesen,
ist nur bestimmten Sehern
und Magiern gegeben.

Einer von ihnen war Bileam,
ein Seher der Moabiter.
Er sollte Israel verfluchen.
Ihm aber stellte sich Gott entgegen,
ihm und seinem Esel.
Und diese Begegnung war folgenreich.
Zum Entsetzen seines Königs
segnete Bileam den Feind Israel.

Und weil sich Gott nun schon einmal
des Mundes dieses Sehers bediente,
ließ er ihn dazu noch eine Weissagung tun:

Es wird ein Stern aus Jakob aufgehen
und ein Zepter aus Israel aufkommen.
Numeri 24, 17

Es wird mehr als ein Jahrtausend vergehen,
bis dieser Stern am Himmel aufgeht
und er gesehen wird.

Könige hat man die ersten genannt,
die ihn entdeckt haben.

Mit »Weise« hat Luther sie übersetzt.
»Magoi« steht im Griechischen, und das heißt
»Magier«: Priester, die kundig waren
im Lesen und Deuten der Sterne.
Sie lebten in Morgenland, dort in Babylonien
war die Astrologie zu Hause.

Wie einst bei Bileam verwandelte der Herr
ihren Aberglauben zum Glauben.
Was ein heidnischer Seher vorhergesagt hat,
erkannten heidnische Magier als erste.
Ein Stern am Firmament übermittelte
ihnen die Botschaft,
die Himmel und Erde in Aufruhr brachte.
Ein Stern führte sie auf langen Wegen
und brachte sie zum Kind.

»Er ist unter einem guten Stern geboren.«
Die Magier kamen und beteten das Kind an.
Aber sein Licht hat noch andere
auf seine Fährte gebracht:
die Schergen des Herodes.
Die Freude über die Geburt des einen Kindes
wurde mit dem Blut so viel anderer
grausam getöteter überschattet.

So war von Anfang an beides
in seinem Leben verwoben:
die Freude und das Leid,
der Glanz und das Dunkel,
die Erfüllung und der Untergang.

Der Stern von Bethlehem
vielzackig und vieldeutig?
Nein, denn der wahre Stern
hat acht Zacken,
nicht mehr und nicht weniger.
In ihm liegen der vierzackige
Epiphaniasstern und das Kreuz
übereinander.

Der Anfang und das Ende,
für beides ist der Stern das Zeichen.
An beides erinnert er uns:
Das Kind in der Krippe
ist der Mann am Kreuz.

Im Weihnachtsoratorium hat
Johann Sebastian Bach darum
dem Adventslied »Wie soll ich
dich empfangen« die Melodie
des Passionslieds »O Haupt voll Blut
und Wunden« unterlegt.

Mit einem Stern hat sein Weg begonnen;
nach Sternen aber hat er nicht gegriffen,
auf der Erde, in unserer Welt hat er gelebt.
In der Armut einer Krippe
kam er zu uns und ging unseren Weg.
Er führt uns zum Licht,
in diesen Tagen und immer wieder.
Und auch wenn alle Sterne schon abmontiert,
verpackt und auch schon gegessen sind,
sein Licht leuchtet unserem Weg.

Abbildungen:
Radierungen von Rembrandt van Rijn

S.9: Verkündigung an Zacharias (um 1640)
S.31: Der greise Simeon (1661)
S.53: Jesus wird getauft (um 1660)
S.75: Verkündigung an Maria (um 1641-1652)
S.97: Verkündigung an die Hirten (um 1655-1657)
S.129: Anbetung der Hirten (um 1646)